工商管理理论与实践前沿丛书

产业集群创新的多维邻近协同作用

樊贵莲 \ 著

INDUSTRIAL CLUSTER INNOVATION
MULTIDIMENSIONAL NEIGHBORHOOD SYNERGY

☆山西省软科学计划研究项目资助（2016041029-1）

经济管理出版社
ECONOMY & MANAGEMENT PUBLISHING HOUSE

图书在版编目（CIP）数据

产业集群创新：多维邻近的协同作用/樊贵莲著.—北京：经济管理出版社，2019.1
ISBN 978－7－5096－6602－9

Ⅰ.①产… Ⅱ.①樊… Ⅲ.①产业集群—技术革新—研究—中国 Ⅳ.①F269.23

中国版本图书馆 CIP 数据核字（2019）第 089117 号

组稿编辑：王光艳
责任编辑：许　兵
责任印制：黄章平
责任校对：王淑卿

出版发行：经济管理出版社
（北京市海淀区北蜂窝 8 号中雅大厦 A 座 11 层　100038）
网　　址：www.E－mp.com.cn
电　　话：（010）51915602
印　　刷：三河市延风印装有限公司
经　　销：新华书店
开　　本：720mm×1000mm/16
印　　张：11
字　　数：154 千字
版　　次：2019 年 5 月第 1 版　2019 年 5 月第 1 次印刷
书　　号：ISBN 978－7－5096－6602－9
定　　价：58.00 元

·版权所有　翻印必究·

凡购本社图书，如有印装错误，由本社读者服务部负责调换。

联系地址：北京阜外月坛北小街 2 号
电话：（010）68022974　邮编：100836

前　言

产业集群作为创新的重要载体，具有比单个企业更多潜在的创新优势。这种优势与集群天然的地理邻近有关。然而，并不是所有的产业集群都欣欣向荣，不同产业集群的创新表现呈现明显差异，单纯从地理邻近的优势很难对此做出解释。创新是一个空间和非空间因素的复杂联合，集群主体间的相互作用除了受地理邻近的影响，还与认知邻近、制度邻近有关。只有通过扩大邻近的概念，分析多种邻近的作用才可能对集群创新有更深刻的理解。越来越多的学者开始探讨地理邻近、认知邻近等多种邻近对集群创新的影响，但大多是分别研究不同邻近的单独作用或两种邻近的交互作用，尚没有充分的理论涉及多种邻近之间的相互关联性以及动态性。而在实践中，各种邻近对于集群创新总是共同并且动态地发生作用的。因此，研究多维邻近如何协同作用于产业集群创新具有重要的理论价值和现实意义。

本书基于产业集群理论、创新理论、新经济地理理论、知识管理等相关理论，采用科学计量分析法、多案例研究、层次回归分析等方法，以"多维邻近如何协同作用于产业集群创新"为核心问题，以系统论的"要素—结构—功能"为基本逻辑，构建了多维邻近协同作用于产业集群创新的理论框架，深入分析了多维邻近对集群创新的协同作用路径与机制，探讨了产业集群演化的不同阶段多维邻近对集群创新的动态影响，提出了促进产业集群创新发展的政策建议。本书的主要研究内容如下：

1. 构建了多维邻近对产业集群创新协同作用的理论框架

在辨识并界定产业集群多维邻近即地理邻近、认知邻近、制度邻近概念的基础上，提出邻近势能的概念，建立起"产业集群多维邻近—邻近势能—创新动能—产业集群创新"的分析框架，即在产业集群这样一个"创新场"中，集群主体间的多维邻近产生了强大的邻近势能，在主体的相互作用过程中，邻近势能转化为创新动能，创新动能的增加提升了集群的创新能力和创新速度，进而促进集群创新。

2. 深入剖析了多维邻近对产业集群创新的协同作用路径和机制

本书选取典型性的 5 个软件产业集群进行多案例研究。通过实地调查访谈，并结合其他多种途径获取的资料，采用扎根理论分析方法对所收集的质性资料逐级编码，提炼出多维邻近对产业集群创新协同作用的三条路径：直接作用路径、间接作用路径、外部作用路径。同时，揭示了多维邻近对产业集群创新的协同作用机制。研究发现，在产业集群创新过程中，地理邻近、认知邻近、制度邻近彼此独立而又密切联系，以不同的方式贡献于集群主体间的相互作用和知识转移。其中，地理邻近是使能因素，是产业集群创新的加速机制；认知邻近是桥接因素，是产业集群创新的核心传导机制；制度邻近是环境因素，是产业集群创新的协调机制。这三种邻近相互补充、相互加强，协同促进产业集群创新。地理邻近伴随制度邻近，使集群中认知邻近的主体能够更有效地处理他们的相似性，实现更大程度的结合，使认知邻近发挥更大的作用，创造更大的价值。

3. 基于产业集群演进的不同阶段，探讨了多维邻近对产业集群创新协同作用的动态变化

利用《中国火炬统计年鉴》中国家火炬计划软件产业基地数据，选取 237 个研究样本，首先采用曲线拟合、动态聚类方法进行阶段划分，然后对处于不同阶段的样本进行层次回归分析，分别从形成期、成长期、成熟再造期三个阶段进行理论假设与检验，并引入创新活动支持力度作为调节变量，识别出在不同阶段起主导作用的邻近形式，探寻多维邻近影响产业集群创新的动态特点。结果表明，在产业集群形成期，地理邻近发挥主导作用；在成长期，认知邻近起主导作用；在成熟再造期，制度邻近起主导作用。另外，创新活动支持力度对多维邻近与产业集群不同阶段创新绩效之间的关系具有不同的调节作用。

4. 基于多维邻近视角的产业集群创新发展政策建议

根据理论分析与实证研究的结果，以优化产业集群多维邻近结构、提高邻近势能为出发点，以增加集群创新动能并最终促进集群创新发展为目的，从产业集群发展的不同阶段、多维邻近的协同作用、产业集群的长期发展战略三个方面提出具体建议。

本书的理论贡献在于突破了仅从单一邻近维度难以完全解释产业集群创新的局限，将多维邻近的相互关联性和动态性纳入现有的研究框架，建构了多维邻近对产业集群创新协同作用的理论模型，揭示了多维邻近影响产业集群创新的本质，即多维邻近问题不是远近的问题，而是资源结构的问题。影响产业集群创新的不是资源的集聚，资源的合理配置才是集群创新的关键，集群主体间在地理、认知、制度方面分别保持一定的"势差"，是集群主体间能否产生有效互动的前提。"邻近势差"的大小决定着知识溢出及扩散的流量和流速、深度和广度，进而影响集群创新。其实践意义在于为中国产业集群建设和结构优化提供指导。政府管理部门在促进企业地理邻近的同时，更要注重集群企业间适度的认知邻近，而且应随着产业集群发展的不同阶段适时地进行政策调整。从长期来看，应统筹考虑区域内产业间的相互关联性及地理邻近性，建立长期的产业共生计划。

目 录

第1章 绪论 ·· 1

  1.1 研究背景及问题的提出 ·· 1

    1.1.1 产业集群是创新的重要载体 ······································ 1

    1.1.2 不同产业集群创新表现呈明显差异 ································ 2

    1.1.3 邻近研究视角的兴起及现有研究的不足 ···························· 3

  1.2 研究意义 ·· 6

    1.2.1 理论意义 ·· 6

    1.2.2 现实意义 ·· 7

  1.3 研究思路与方法 ·· 8

    1.3.1 研究思路 ·· 8

    1.3.2 主要研究方法 ·· 9

  1.4 本书的创新之处 ·· 10

  1.5 本章小结 ·· 11

第2章 理论基础与文献综述 ·· 12

  2.1 理论基础 ·· 13

    2.1.1 产业集群理论 ·· 15

    2.1.2 新经济地理理论 ·· 16

2.1.3 创新网络理论 17
2.1.4 知识管理理论 18

2.2 邻近与创新的相关研究综述 20
2.2.1 国内外研究概况 20
2.2.2 邻近与合作创新 24
2.2.3 邻近与知识溢出 28
2.2.4 邻近与创新网络 30

2.3 产业集群创新研究综述 31
2.3.1 知识溢出与集群创新 32
2.3.2 网络特征与集群创新 33
2.3.3 环境因素与集群创新 34
2.3.4 竞合关系与集群创新 34

2.4 多维邻近与产业集群创新研究综述 35
2.4.1 产业集群的邻近问题 35
2.4.2 单一或多维邻近与集群创新 36

2.5 文献评述 38

2.6 本章小结 40

第3章 多维邻近对产业集群创新协同作用的理论框架 41

3.1 产业集群创新相关概念界定 41
3.1.1 产业集群 41
3.1.2 产业集群创新 46
3.1.3 产业集群创新绩效 49

3.2 产业集群多维邻近辨析 51
3.2.1 现有关于多维邻近的不同理解 51
3.2.2 对多维邻近的重新认识 54
3.2.3 多维邻近的特点 56

3.2.4 产业集群多维邻近界定 ………………………………………… 57

3.3 邻近势能概念的提出 …………………………………………………… 60

3.3.1 邻近势能的概念 …………………………………………… 60

3.3.2 邻近势能的性质 …………………………………………… 62

3.4 多维邻近对产业集群创新协同作用框架构建 ………………………… 63

3.4.1 多维邻近形成邻近势能 …………………………………… 64

3.4.2 邻近势能转化为创新动能 ………………………………… 64

3.4.3 创新动能转化为创新绩效 ………………………………… 65

3.5 本章小结 ………………………………………………………………… 66

第4章 多维邻近对产业集群创新的协同作用路径与机制 …………… 67

4.1 研究方法与案例选取 …………………………………………………… 68

4.1.1 研究方法 …………………………………………………… 68

4.1.2 案例选取及背景介绍 ……………………………………… 68

4.2 数据收集与处理 ………………………………………………………… 72

4.2.1 数据收集 …………………………………………………… 72

4.2.2 数据处理 …………………………………………………… 73

4.3 研究发现 ………………………………………………………………… 74

4.3.1 多维邻近对集群创新的直接作用路径 …………………… 75

4.3.2 多维邻近对集群创新的间接作用路径 …………………… 77

4.3.3 多维邻近对集群创新的外部作用路径 …………………… 79

4.3.4 三种邻近在集群创新中的不同角色 ……………………… 80

4.3.5 三种邻近协同促进集群创新的机制 ……………………… 83

4.4 结果讨论 ………………………………………………………………… 85

4.4.1 多维邻近对集群创新的协同作用路径 …………………… 86

4.4.2 多维邻近对集群创新的协同作用机制 …………………… 88

4.5 主要结论 ………………………………………………………………… 90

4.6 本章小结 ······ 91

第5章 产业集群不同阶段多维邻近对集群创新的影响 ······ 92

5.1 产业集群的演化过程及不同阶段的特点 ······ 93
    5.1.1 产业集群演化阶段的划分 ······ 93
    5.1.2 产业集群不同阶段的特点 ······ 98

5.2 基于集群演化阶段的多维邻近与创新绩效的时变关系 ······ 103
    5.2.1 研究假设 ······ 103
    5.2.2 研究方法与数据来源 ······ 110
    5.2.3 变量设定及测度指标选取 ······ 111
    5.2.4 假设检验与结果分析 ······ 116

5.3 结果讨论 ······ 123
    5.3.1 创新活动支持力度的调节作用 ······ 123
    5.3.2 多维邻近对集群创新的动态影响 ······ 124

5.4 主要结论 ······ 126

5.5 本章小结 ······ 127

第6章 基于多维邻近视角的产业集群创新发展政策建议与展望 ······ 128

6.1 政策建议 ······ 128
    6.1.1 根据集群发展的不同阶段制定相应的政策 ······ 128
    6.1.2 注重各种邻近的协同作用 ······ 134
    6.1.3 建立长期的产业共生计划 ······ 135

6.2 研究局限与不足 ······ 136

6.3 未来的研究方向 ······ 137

6.4 本章小结 ······ 138

参考文献 ······ 139

第1章 绪论

1.1 研究背景及问题的提出

1.1.1 产业集群是创新的重要载体

创新是当今经济社会发展的主要驱动力和时代主旋律。在全球经济增长趋缓的大背景下,国家之间的实力竞争以及各种力量的较量更为激烈。世界各国为掌握国际竞争主动权,建立一国的竞争优势,纷纷把建设创新型国家、实现创新驱动发展作为战略选择。知识和创新正在成为国家竞争力的核心要素(詹正茂,2014),成为推动经济社会持续发展的不竭动力和源泉。

产业集群作为创新的重要载体,通过组织之间正式与非正式的联系、企业间有意或无意的知识溢出、竞争与合作,能够促进集群企业间的相互学习,形成强大的生产力和创新能力,这是集群之外的企业难以企及的(Porter,2000)。无论在工业化国家还是发展中国家,阻碍中小企业竞争力增强的不是规模,而是孤立

(Anderson & Schmitz, 1997)。产业集群的发展不仅有利于提升企业的生产力和竞争力,而且能够形成规模经济和范围经济,产生强大的溢出效应,进而增强区域或国家的竞争优势,促进经济快速增长,提供重要的就业和持续的技术进步。产业集群的独特优势已经得到世界范围内学术界和政府部门的普遍认同,很多国家都将产业集群作为经济发展的重要工具。世界各地涌现出了一些知名的产业集群,如美国硅谷的电子产业集群、法国的葡萄酒业集群、德国的机械制造业集群、印度班加罗尔的软件产业集群、中国浙江的打火机产业集群、景德镇瓷器产业集群等。

1.1.2 不同产业集群创新表现呈明显差异

虽然产业集群对于区域经济发展具有重要作用,但并不是所有的产业集群都欣欣向荣。比如,美国硅谷持续繁荣而128号公路逐渐衰落,法国的葡萄酒业集群不断发展而著名的底特律汽车产业集群陷入低迷,浙江省的打火机产业集群不断壮大而永康保温杯产业集群只是昙花一现。为什么有些产业集群能够持续发展而有的却好景不长?这一现象引起了学术界的广泛关注与思考。

国内外学者对产业集群创新表现差异的原因有不同的解释。Saxenian(1994)认为,硅谷持续繁荣而128号公路逐渐衰落的原因主要在于,二者的制度环境和文化背景不同,硅谷形成了一种分散但合作的产业系统,而128号公路以独立、自给自足的公司为主导。Harrison(1992)认为,创新网络的根植性是影响产业集群创新的关键因素,集群主体间基于信任所建立的信息共享网络有利于提高产业集群创新绩效,但同时信息通过网络快速扩散,又会抑制产业集群行为主体的创新活动。Grabher(1993)通过对德国鲁尔工业区的研究发现,产业集群网络的锁定效应以及路径依赖效应是导致集群创新绩效低下的原因。蔡宁等(2003)则认为,网络结构、网络资源、网络中主体间的活动等都会影响产业集群创新。吴晓波等(2003)则认为,地理邻近、专业化分工、相互关联、协同与溢出效应等网络化特征是影响产业集群创新的重要因素。有的学者认为，环境也是影响产业集群创新的原因。Fritz（1998）指出，外部经济环境是影响产业集群创新绩效稳定性的原因之一。仇保兴（1997）指出，集群企业间过度竞争会造成产业集群创新绩效低下。杨皎平（2015）认为，过度的知识溢出会对产业集群创新绩效产生负效应。这些研究从产业集群外部的宏观环境到内部的网络特征、竞争等角度探讨了影响产业集群创新的原因。而对于产业集群这一特殊的组织形式，理论界逐渐认识到空间因素是影响产业集群创新的重要因素。

1.1.3 邻近研究视角的兴起及现有研究的不足

Marshall（1890）最早开始对产业区经济集聚进行研究，他强调彼此"接近"的企业的优势，这种优势来自于地理邻近所带来的劳动力空间集中和溢出效应，认为"产业的秘密在空气中"，由此拉开了从邻近视角研究产业集群创新的帷幕。之后，很多学者对企业集聚过程中地理溢出的作用进行了分析。Pred（1966）分析了都市化过程中地理集中的作用。Lucas（1998）则考虑了为什么经济主体集中于芝加哥和曼哈顿，即使这些地区很贵，有时还不舒适，有很多更便宜的地方可去。答案很简单，就是因为他们希望离得近一些，因为"近"可以获得很多便利和优势。这些传统的产业区理论将企业集聚发展的原因归结为地理邻近带来的外部经济性、成本优势及规模经济等，他们只关注了企业集聚在有形的经济联系方面的优势，而对于无形的知识联系、社会联系等方面的作用没有给予足够的重视。但单纯从地理邻近角度难以解释现实中诸如产业集群创新差异等经济现象。

1999年法国邻近动力学派①提出，经济主体间的相互作用除了与地理邻近有关，还与组织邻近和制度邻近等有关，以 Torre 和 Gilly（1999）发表的一篇关于

---

① 法国邻近动力学派是由对空间感兴趣的产业经济学家和对公司或组织感兴趣的空间经济学家组成的，他们致力于提供一种新的经济空间理论方法。

邻近与知识创新的论文为标志，提出经济主体间的相互作用除了与地理邻近有关，还与组织邻近和制度邻近等有关，由此开创了多维邻近研究的先河。Boschma（2005）的《邻近与创新：一个关键的评估》发表是多维邻近与创新领域一个重要里程碑。Boschma认为，经济地理的一个关键问题是地理邻近对相互学习与创新的影响，但地理邻近的重要性不能隔离开来评估，而应该与其他邻近（组织邻近、制度邻近、认知邻近、社会邻近）联系起来进行检验。他认为，地理邻近自身既不是学习发生的充分条件，也不是必要条件；地理邻近促进了相互学习，很大程度上还增强了其他邻近。然而，由于锁定问题，邻近对创新也可能产生负影响。因此，不仅是太少的邻近，太多的邻近也可能对学习与创新不利。Boschma所提出的"邻近悖论"引发了关于多维邻近性广泛的研究。Basile（2012）指出，社会邻近和关系邻近作为知识溢出的重要途径扮演积极作用。Agrawal等（2008）研究表明，地理邻近和社会邻近都能增加知识流动的可能性。更多的文献关注邻近对合作的影响，如Steinmo等（2016）认为，地理、组织、认知、社会四种邻近对促进组织间合作有重要作用，但由于企业的特点不同，不同形式的邻近所起的作用不同。Balland（2012）指出，地理、组织、制度邻近支持合作，但认知和社会邻近没有显著作用。而Geldes等（2017）研究表明，认知和组织邻近是商业合作的积极因素，社会和制度邻近是消极因素。Crescenzi等（2016）认为，地理邻近对各种类型的合作都有重要作用，对于大学和企业间的合作来说，地理邻近可能替代制度邻近。Pieter等（2014）则认为，社会和认知邻近对于所有的合作都具有积极影响，而地理和组织邻近对有形的合作结果是负向影响，对无形的结果有弱正向影响。Kuttim（2016）区分了国内合作与国际合作，认为对于不同的合作发挥作用的邻近形式不同。Lander（2015）则针对个人层面的地理邻近和制度邻近对科学合作的影响进行了研究。关于邻近与创新绩效方面，Molina-Morales（2015）研究发现，认知邻近对创新绩效具有明显作用，过度的地理邻近会产生空间锁定而降低创新。国内学者李琳和韩宝龙

(2011) 明确指出，认知邻近正向影响产业集群创新绩效，在产业集群发展和成熟阶段地理邻近负向影响集群创新绩效。Antonio（2014）认为，地理邻近和组织邻近对知识创造联盟绩效的影响因邻近程度的不同而不同。黎振强（2011）进一步指出，邻近性强度与创新绩效之间存在非线性的倒 U 型关系。Cassi（2014）认为，地理、社会、组织、技术四种邻近对技术合作的形成都有积极作用，但只有组织和技术邻近直接影响绩效。Marrocu 等（2014）则认为，技术邻近比地理邻近对绩效的影响大，社会和组织邻近只有有限作用。另外，还有少数文献探讨邻近与创新网络的演化关系，吕国庆和曾刚（2014）分析了地理邻近和社会邻近对创新网络及其演化的影响。Cassi（2014）认为，网络与邻近对合作发明的影响可能相互替代或补充。

通过对现有研究文献的阅读与梳理发现，国内外学者从多个不同的角度对邻近与创新进行了探讨，从单一邻近到多维邻近，从知识溢出到合作创新，从企业邻近到区域邻近等，取得了较为丰富的成果。这些成果对本研究具有重要的启示和借鉴作用。但目前该领域的研究还远未成熟，主要表现在以下几个方面：一是已有文献中关于邻近的概念很多，但对各种邻近概念的理解及邻近维度的划分尚未取得共识，还没有对产业集群的多维邻近进行明确界定；二是关于邻近对创新影响的研究结论争议较大，有的甚至相反。比如，Herrmann 和 Taks（2012）研究表明，在信息化时代地理邻近似乎已经不重要了，但有些学者认为，地理邻近在隐性知识溢出等方面的作用仍然无法替代（Torre，2008；Gallie，2009；Liang-Chih Chen & Zi-Xin Lin，2014；Rekers & Hansen，2015）。这是否与所选取研究对象的发展阶段不同有关呢？三是目前研究最多的是单一邻近对创新的独立影响。虽然越来越多的学者关注到多种邻近，但大多还是分别研究不同邻近各自对创新的影响，或有少数研究探讨两种邻近的交互作用（李琳等，2014），而对于多种邻近的协同作用则鲜有涉及。针对现有研究的不足，本书以"多维邻近如何协同作用于产业集群创新"为核心问题，围绕以下系列问题展开研究：如何辨识并界定产业集群的多维邻近？在现实中各种邻近并不是单独发生作用，多种邻近是如何协同对产业集群创新发生作用的？各种邻近分别扮演什么角色？多维邻近通过哪些路径协同作用于产业集群创新？产业集群是不断演进发展的，在其生命周期的不同阶段，各种邻近的影响是否有差异？在不同阶段哪一种或哪几种邻近起主导作用？本书通过对多个产业集群的实际调查、深入访谈，打开多维邻近对产业集群创新协同作用的过程黑箱，研究多维邻近对产业集群创新的协同作用路径和机制，探讨产业集群演化过程中多维邻近对产业集群创新的动态影响，试图揭示多维邻近协同作用于产业集群创新的规律，明晰多维邻近影响产业集群创新的本质。

1.2　研究意义

在实践中，多维邻近总是动态变化并共同对产业集群创新发生作用。而理论上，尚缺乏多维邻近对产业集群创新协同作用机理的系统性研究。本书深入分析多维邻近协同作用于产业集群创新的路径与机制，探究多维邻近对产业集群创新的动态影响，揭示多维邻近影响产业集群创新的过程及机理。这些研究不仅能够弥补多维邻近协同影响产业集群创新研究方面的不足，而且对于产业集群建设、产业集群结构优化及创新发展实践具有现实的指导意义。

1.2.1　理论意义

第一，建构了多维邻近协同作用于产业集群创新的理论框架，弥补了现有关于多维邻近协同作用、动态作用研究的不足，深化和拓展了多维邻近理论和产业集群创新理论。本书将多维邻近的相互关联性和动态性纳入到现有的研究体系中,从静态和动态角度探究多维邻近对产业集群创新的协同作用机理,深入细致地分析多维邻近对产业集群创新的协同作用路径和机制,明确了多维邻近影响产业集群创新的不同路径、不同维度的邻近在产业集群创新中的角色以及协同作用机制;基于产业集群的演进过程,揭示了多维邻近影响产业集群创新的动态特点。这些研究突破了仅从单一邻近角度难以解释产业集群创新的局限,为进一步研究产业集群的多维邻近问题奠定了基础。

第二,界定和丰富了相关概念。一是明确界定了产业集群多维邻近的类型及概念。现有文献中关于多维邻近维度的划分及概念使用较为模糊,特别是专门针对产业集群多维邻近的阐释较少。本书在梳理多维邻近概念的基础上,提出了多维邻近划分的标准,认为应根据研究问题的层次不同确定邻近的维度,并按照不同的标准对邻近概念进行分类,在一定程度上避免了邻近概念使用中的混淆。并对产业集群的多维邻近进行辨识,明确界定了产业集群的地理邻近、认知邻近、制度邻近的概念。二是提出邻近势能的概念。借助物理学中势能的概念,通过分析产业集群主体间多维邻近关系,提出邻近势能的概念,并阐释了邻近势能的性质,在多维邻近与系统能量之间建立了联系,为研究产业集群创新提供了新的思路和分析工具。

1.2.2 现实意义

从实践方面来看,本书对于中国产业集群建设和发展、产业集群结构优化、产业集群不同阶段政策制定具有一定的指导意义和应用价值。

第一,为产业集群建设、集群结构优化提供指导。通过分析多维邻近对产业集群创新协同作用路径和机制,明确了认知邻近在产业集群创新过程中的核心地位,以及适度认知邻近的重要性。这一研究结果能够为中国各地方政府相关部门建设产业集群、选择入驻集群企业时提供依据,即引进企业时要从认知邻近水平角度考虑集群主体间既要有一定的相关性,又要保持多样性,以免造成集群企业的同质化。中国有些集群同质化现象较为严重，在很大程度上就是由于管理部门盲目促进企业在地理上的集中而忽视认知邻近水平造成的。上述结论也为优化集群结构提供了思路和解决办法。

第二，为产业集群发展的不同阶段制定相应政策提供依据。通过研究产业集群演进不同阶段多维邻近对集群创新的动态影响，识别出在不同阶段起主导作用的邻近。这些研究结果为中国各地方政府管理部门根据产业集群发展不同阶段的特点，制定更具有针对性的政策提供依据和指导，也为各级部门建立或改善产业集群主体间的多维邻近关系，充分利用各种邻近效应而促进产业集群的高效运转提供帮助，提出的政策建议也能为相关部门提供直接的指导。

第三，为国家或区域制定产业集群长期创新发展战略提供参考。本书指出多维邻近的水平及结构是决定产业集群创新的根源，而不仅仅是资源的集聚。这些研究能够帮助战略制定者从产业间的联系、资源的配置（人力、物力、制度）等角度统筹考虑产业集群及区域的长期发展问题，合理规划布局，促进集群主体间的地理邻近、认知邻近、制度邻近协同作用，产生强大的邻近势能，进而在集群主体间的相互作用过程中转化为产业集群或区域创新发展的新动能。

1.3 研究思路与方法

1.3.1 研究思路

本书围绕"多维邻近如何协同作用于产业集群创新"这一核心问题，从多维邻近概念的界定和维度划分、具体的作用路径和机制、动态影响等几方面展开研究。首先，对多维邻近与产业集群创新研究的相关文献进行知识图谱分析与解读，明确该主题研究的理论基础，较为全面地掌握国内外的研究状况；其次，对产业集群、产业集群创新、产业集群创新绩效、产业集群多维邻近等几个基本概念进行界定，并提出邻近势能的概念，在此基础上，构建多维邻近对产业集群创新协同作用的分析框架；再次，采用多案例研究与扎根理论分析方法，进一步深入具体地分析多维邻近对产业集群创新的协同作用路径和机制；又次，运用层次回归分析方法分阶段研究多维邻近对产业集群创新的动态影响，以明确多维邻近对产业集群创新协同作用的动态特点；最后，根据理论分析和实证研究结果，从多维邻近的视角提出促进产业集群创新发展的政策建议。

1.3.2 主要研究方法

本书遵循方法为内容服务的原则，根据所研究内容和拟解决的问题，力求选择相适应的方法进行研究，使用的主要方法有：

其一，文献研究与科学计量分析方法相结合。通过百度学术、中国知网等电子检索平台以及图书馆的期刊、著作等传统文献检索手段，对国内外相关研究文献与实践资料进行广泛的检索与解读，并且采用科学计量分析方法及工具——信息可视化软件Citespace Ⅲ，基于Web of Science数据库、中国知网的相关文献数据，对国内外邻近与创新的研究文献进行知识图谱分析，从现有研究的知识基础、研究主题、学科分布、国家分布等多方面了解和把握国内外的研究状况。

其二，案例研究与扎根理论分析方法相结合。这两种方法都是基于实践提炼概念并逐步构建理论的方法，适用于建构新理论。目前，尚缺乏多维邻近对集群创新的协同作用机制研究，本书选取五个产业集群进行多案例研究，通过实地调查访谈、公开出版物、内部资料等多种途径收集资料，运用扎根理论分析方法对所收集的质性资料进行编码，逐步明晰多维邻近对产业集群创新的协同作用机理。

其三，曲线拟合法和动态聚类法相结合。为了对产业集群演化阶段进行划分，本书首先根据产业集群就业人数，利用 MATLAB 中的 cftool 工具箱进行指数函数、高斯函数及 Logistic 增长模型等拟合，初步判断产业集群发展经历了几个阶段，然后选取集群总收入、总人数、新产品销售总额、净利润四个指标，采用动态聚类法对每个产业集群进行聚类，最终确定每个样本的发展阶段。

其四，层次回归分析方法。为了研究产业集群演化过程中多维邻近对集群创新的动态影响，以及创新活动支持力度对二者关系的调节作用，本书采用 SPSS 20.0，通过层次回归分析方法，首先将控制变量引入模型，然后引入解释变量及调节变量的交互项等，逐步建立多个模型进行分析。

1.4　本书的创新之处

本书在学习吸收现有相关研究成果的基础上，对多维邻近如何协同作用于产业集群创新进行探索性研究，力求能够有所突破和创新。创新之处体现在以下几个方面：

其一，揭示了多维邻近对产业集群创新的协同作用路径和机制。关于多维邻近与集群创新，现有文献从单一维度进行研究的居多，越来越多的学者开始从单一维度扩展到多个维度的邻近，但大多还是探讨各种邻近的单独作用或者两种邻近之间的交互作用，鲜有考虑多种邻近的协同作用问题。然而，在产业集群创新实践中，多维邻近总是共同发生作用而不是单独作用的。本书突破了仅仅从独立于其他邻近的单一维度研究的局限，基于多维邻近之间的关联性，对多维邻近协同作用于产业集群创新的具体路径、作用机制进行深入解析，打开了多维邻近影响产业集群创新的过程黑箱，弥补了现有研究在多维邻近协同作用方面的不足，又反映了一种客观存在，因此具有更强的理论价值和现实意义。

其二，推进了多维邻近对产业集群创新动态影响的研究。产业集群是不断演进发展的，在集群发展的不同阶段各种邻近及其对产业集群创新的作用也是动态变化的，但多维邻近的动态性尚未引起足够的重视。本书在分析产业集群演进不同阶段多维邻近变化特点的基础上，提出不同阶段多维邻近对产业集群创新作用的假设，并分别从形成期、成长期、成熟再造期三个不同阶段进行了实证研究，识别出在不同阶段起主导作用的邻近，建立了多维邻近协同作用于产业集群创新的动态作用框架，推进和拓展了多维邻近对产业集群创新动态作用的研究。

其三，提出邻近势能的概念，并构建了多维邻近影响产业集群创新的分析框架。借助物理学中"势能"的概念，提出"邻近势能"的概念。将产业集群视为一个"创新场"，由产业集群中行为主体的相对"位置"（不仅指空间位置，还包括认知距离、制度距离）决定的能称之为"邻近势能"，初步分析了邻近势能的性质，构建了"产业集群多维邻近—邻近势能—创新动能—产业集群创新"的分析框架，为多维邻近与产业集群创新的相关研究提供了新的工具和视角，以期为进一步展开更为细致深入的研究，起到抛砖引玉的作用。

1.5 本章小结

本章提出了所要研究的核心问题，即"多维邻近如何协同作用于产业集群创新"，并对研究背景与意义、研究内容、研究思路和方法等进行了思考与设计。明确回答了"为什么要研究这个问题""这个问题研究什么""怎么研究这个问题""有什么创新之处"等几个问题，为后续研究确定了行动计划。

第 2 章
理论基础与文献综述

邻近问题在经济学研究中由来已久,早在 19 世纪末,以马歇尔为代表的经济学家就关注到企业在地理上集聚的现象,并且开始探讨企业在地理上的接近对经济的影响,如成本节约、资源共享等。到目前为止,企业地理邻近与经济发展问题的研究已经过去了一个多世纪。经过这么长时间,学术界关注的重点也从单一的地理邻近扩展到了多种形式的邻近。为了全面了解多维邻近与产业集群创新的研究状况,本章将传统的文献分析法与科学计量学方法结合起来,使用知识图谱分析软件 CitespaceⅢ,搜集相关文献进行可视化分析,通过对软件分析结果的解读以及对所析出经典文献的精读,了解最新研究进展和最重要研究成果,更好地把握国内外关于多维邻近、产业集群创新研究的理论基础、主题分布及研究脉络。

文献数据来源于三个数据库:一是 Web of Science 数据库核心合集,为保证数据的权威性,选择 SSCI 子数据库,以检索式 TS = (proximity and innovation) OR (distance and innovation) 进行检索,在对所有年限进行检索后发现 1990 年之前没有相关文献,因此将检索时间设定为 1990 年 1 月至 2016 年 6 月。选择文献类型为"Article",语种为"English",最终精炼出 1666 条数据。二是在 CSSCI 数据库,输入"邻近"或"临近"进行检索,剔除掉语言学、数学等学科的文献,仅有 31 篇与邻近相关的文献。三是在中国知网,以"产业集群创新"和

第 2 章 理论基础与文献综述

"产业集群创新绩效"为关键词检索,并根据研究主题进行人工筛选后得到的文献。

2.1 理论基础

为了探寻邻近与创新领域的理论基础,挖掘该领域有重要影响力的研究成果,本研究首先进行文献共被引分析。文献共被引分析是通过对两篇文献共同被一篇文献引用频次的统计分析,计量文献之间关系的一种方法,共被引频次越高的文献,其影响力越大,可以看作是某一学科的理论基础。具体操作过程:启动 CitespaceⅢ 软件,将所下载的 1666 条文献数据导入,反复尝试,最终设置每 3 年为一个时间段,网络节点选择"文献共被引"。运行后得到国外邻近与创新研究文献共被引的时间知识图谱(见图 2-1)。

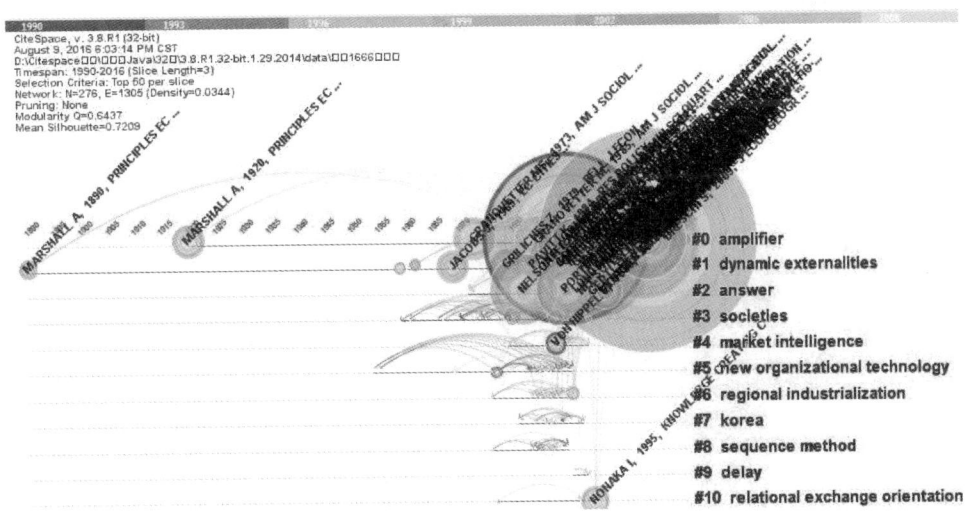

图 2-1 邻近与创新研究英文文献共被引分析知识图谱

图谱中各色圆环代表聚类的节点，节点的多少表示共被引文献的数量，节点的大小表示引用频次的高低。结果显示，N=276，表示共形成276个聚类，但图2-1上显示出较大的引文年代环并不是特别多，说明聚类比较集中，主要集中于一些为数不多的高被引文献（见表2-1）。

表2-1 国际邻近与创新研究最具影响的经典文献

文献标题	作者	年份	被引频次	中心性
Proximity and Innovation: A Critical Assessment	Boschma	2005	360	0.00
Absorptive Capacity: A New Perspective on Learning and Innovation	Cohen Levinthal	1990	279	0.52
Clusters and Knowledge: Local Buzz, Global Pipelines and the Process of Knowledge Creation	Bathelt Malmberg	2004	200	0.02
Geographic Knowledge Spillovers as Evidenced by Patent Citations	Jaffe Winter	1993	199	0.05
R&D Spillovers and the Geography of Innovation and Production	Audretsch Feldman	1996	178	0.02
Proximity and localization	Torre and Rallet	2005	141	0.00
An Evolutionary Theory of Economic Change	Nelson	1982	127	0.06
The Real Effects of Academic Research	Adam Jaffe	1989	123	0.15
Competitive Advantage	Porter	1990	120	0.06
Tacit Knowledge and the Economic Geography of Context or The Undefinable Tacitness of Being (There)	Gertler	2003	119	0.01
Buzz: The Economic Force of the City	Michael Storper Anthony Venables	2004	116	0.02
National Systems of Innovation: Toward a Theory of Innovation and Interactive Learning	Lundvall	1992	105	0.02
Regional Advantage: Culture and Competition in Silicon Valley and Route 128	Saxenian	1994	100	0.05
Economic Action and Social Structure: A Theory of Embeddedness	Granovetter	1985	96	0.05
Knowledge Spillovers And Local Innovation Systems: A Critical Survey	Stefano Breschi Francesco Lissoni	2001	89	0.03

资料来源：作者根据知识图谱分析结果整理所得。

第 2 章 理论基础与文献综述

通过对上述聚类文献，特别是经典文献的查阅和解读，发现关于邻近与创新研究涉及的学科和理论非常广泛，包括外部经济理论、新经济地理理论、竞争优势理论、创新理论、知识管理理论等。下面结合高被引文献，沿着邻近与创新相关研究的发展脉络，阐述邻近与创新问题研究的理论基础。

2.1.1 产业集群理论

关于邻近与集群创新问题的研究可以追溯到 1890 年 Marshall 的产业区理论，以及后来 Porter 的产业集群竞争优势理论等。虽然他们的研究文献中没有明确提出邻近的概念，但实际上都已经从地理邻近的角度阐释了产业集群的创新优势。

英国经济学家 Marshall 被认为是第一个阐述产业集群理论的经济学家。他在 1890 年出版和 1920 年再版的经典著作——《经济学原理》，可谓是产业集群研究的奠基之作。从图 2-1 可以看到，邻近研究领域引用最早的两篇文献就是他这本著作的不同版本。他首次提出外部经济和内部经济的概念，并最早认识到许多性质相似的企业在特定工业地区的分布能够获得外部规模经济的好处，主要包括：专业化的劳动力、辅助性的生产服务、原材料的运输成本降低、协同创新的环境等。Marshall 的外部经济理论为产业集群的形成和发展提供了非常重要的理论依据和指导，但是他对企业在地理上接近的原因分析主要是从物质投入产出角度进行的，没有考虑非经济因素等其他方面的原因。

Porter（1990）的经典著作《国家竞争优势》揭示了竞争优势不仅在于活动本身，还在于活动之间的关系，包括与供应商的活动、与客户的活动、与相互联系的产业和其他机构的活动等。企业竞争优势主要基于生产要素条件、需求条件、相关支持产业以及厂商的结构、战略与竞争。他撰写的两篇与产业集群密切相关的文章，一篇是《产业集群与竞争新经济》，文中界定了产业集群的概念，阐述了产业集群中竞争的重要性以及政府的责任等（Porter，1998）。另一篇《位置、竞争与当地经济发展：产业集群在全球经济》指出：尽管全球化使得产业集群似乎不那么重要了，但在一个日益复杂的、以知识为基础的、动态经济环境中，产业集群对竞争的影响越来越重要，政府、公司和其他机构在加强竞争力方面必须承担新的角色（Porter，2000）。Porter 的这些理论打破了仅仅从投入产出角度分析集群的竞争优势，对集群的内在结构进行了迄今为止最系统的阐述，是产业集群竞争力研究、产业集群创新研究的经典理论。

2.1.2 新经济地理理论

Marshall 与 Porter 的理论对产业集群创新研究具有重大贡献，但他们仅从经济要素的角度考虑集群创新优势。20 世纪 70 年代，以克鲁格曼为代表的新经济地理学将空间维度引入现代主流经济学中，分析空间结构、经济增长和规模经济之间的关系。2008 年诺贝尔奖获得者克鲁格曼（1991）的著作《地理与贸易》在产业集群研究领域开辟了一个新的研究视角，他指出，无论是在国家之间还是国家内部，生产在空间的位置是一个关键问题。在他发表的《收益递增与经济地理》一文中，克鲁格曼以收益递增理论为基础，考虑地理区位等要素，发展了集聚经济的观点。他提出的工业集聚模型认为，在规模经济、运输成本低、高制造业投入的条件下，将会在地区形成专业化分工和产业集聚。他还进一步指出：偶然因素、产业集聚形成的前向与后向联系、路径依赖等对集聚效果会产生非常大的影响。在运输成本比较低的情况下，某地区规模较大的制造业部门的规模会不断扩大，而另一地区规模相对较小的制造业部门会不断萎缩，结果就形成了制造业都集中于某个地区的"中心—外围"模式。并且制造业的集聚，对供给和需求都会产生显著的前向和后向联系，使运输成本在较大范围上保持集中均衡，"中心—外围"的模式持续发展。

克鲁格曼的主要贡献在于：首次通过数学模型证明了区域集聚的形成，并分析了产业集群会同时受到区域资源禀赋和产业间关联两方面的影响,明确地将空间要素纳入企业集聚的分析框架中。但他仍然没有分析集群主体活动之间存在的信息、技术、人际等难以量化的联系。

2.1.3 创新网络理论

20世纪80年代以来,不同国家或地区产业集群创新绩效的明显差异,引起了一批学者的关注,并开始从制度框架下考虑集群创新问题,即从正式制度和非正式制度情境下所形成的相互作用和网络关系角度研究产业集群创新问题。

Granovetter是社会经济网络研究的代表人物之一,他的《经济行为和社会结构:根植性问题》(1985)关注现代产业社会中经济行为植入社会关系结构中的程度。他将根植性定义为:经济行为对特定区域环境的依赖性,区域环境包括制度、观念、历史、习俗、文化、经验、关系网络等。他认为根植性是促使生产体系在地理上集中的关键。文章指出,新古典经济学对于这种行为给出了"低社会化"或模糊行为者的解释,改革主义者试图带回到社会结构的"过度社会化"的错误。过低或过高的社会化是矛盾的,二者的相似之处在于忽略了社会关系结构。从社会关系结构来看,社会关系网络不仅可以降低组织管理成本,还可以提升创新能力,并且使企业间的边界变得模糊,有利于企业之间形成合作。复杂的经济行为必须考虑在这种结构中的植入性。

Granovetter的社会网络理论实际是邻近研究中的关系邻近、社会邻近的前身与基础,是分析多维邻近中制度邻近的重要理论基础。另外,他认识到"过低或过高的社会化是矛盾的",这与Boschma(2005)提出的邻近悖论,即过多或过少的社会邻近都不利于创新的观点基本是一致的。

Lundvall(1992)的经典著作《国家创新系统:创新和相互学习的理论》在邻近与创新的相关研究中被引次数也很高(105次),其重要性可见一斑。他认为，现代经济最根本的资源是知识，最重要的过程是学习，而学习最重要的过程是相互作用。因此，要很好地理解社会植入性必须考虑制度和文化情境。这对于正式制度和非正式制度与创新的研究具有重要的启示作用。另外一部经济学经典著作，即 Nelson 和 Winter（1982）的《经济变迁的演化理论》也具有重要地位，他们提出的市场环境中企业能力和行为进化理论认为，企业在竞争中只有不断创新，才能生存，这为产业集群中企业的竞争与合作行为研究奠定了基础。

2.1.4 知识管理理论

20 世纪 90 年代后期，学术界不再仅仅从物质资源、制度环境等宏观视角研究邻近与创新问题，一些学者开始从微观角度分析产业集群创新，从邻近与知识溢出、吸收、转移、创造等方面展开讨论。探讨地理邻近的知识溢出效应既是知识经济时代的要求，也是邻近与创新研究领域在外部经济效应、竞争优势、网络创新等方面的一个延伸。从表 2-1 中所列经典文献来看，与知识溢出、知识创造等相关的文献最多，体现了知识管理理论在邻近与创新问题中的重要地位。

Audretsch（1996）指出，企业集聚的本质原因即创新活动的集聚更多归功于知识的溢出，而不仅仅是生产的地理集中。进一步地，Stefano Breschi 和 Francesco Lissoni（2001）在《知识溢出和当地创新系统：一个关键调查》一文中对地理邻近促进知识溢出的原因进行的深刻分析指出，已有文献对"当地知识溢出"概念的混淆使用造成了研究的扭曲以及政策的误导。因此，应通过严格的理论和实际调查来寻找知识经济背景下当地知识溢出的经济证据，应从以下几方面理解地理因素是如何真正作用于企业创新的：劳动力市场上技术人员和科学家的流动、企业在地理网络方面的安排、当地大学对企业创新活动的真正影响可能是大学将基于知识的服务出售给了当地或外地的企业。要在知识流动的地理维度与所有合约安排的研究之间建立清晰的联系，那些合约使得公司或个人划拨出知识租金以及那些合约中的信息披露规则。这篇文章揭示了看似自愿或无意的知识溢出实际是其背后经济的、契约的、事先安排等因素使然。这些观点已经蕴含了制度邻近、认知邻近在知识溢出中的作用。

隐性知识溢出是创新的关键,对于隐性知识的正确认识是进一步研究的基础。Gertler（2003）对之前隐性知识的界定标准提出质疑,不再从认知或心理的基础上分析隐性知识,而是从制度的视角重新构建其概念,并且对隐性知识的本质和起源进行了基本评估,对环境的本质进行了检验。他认为,隐性知识存在三个不同的问题,并提出了问题的解决方法,他的研究拓展了隐性知识的基本理论。

与知识溢出密切相关的概念之一是吸收能力,从某种程度上来讲,知识溢出的多少取决于接受者的吸收能力。而知识的溢出和吸收又是知识创造的前提。Cohen（1990）的《吸收能力：学习和创新的一个新视角》,被引次数（279次）和中心性（0.52）都非常高,在邻近与创新的相关研究中具有重要地位,文章分别从个人层面和组织层面分析了影响吸收能力的因素,还讨论了吸收能力的发展反过来依赖于创新绩效。该研究通过构建研发投入模型,阐述研发投入有助于企业吸收能力的提高。Bathelt 等（2004）则关注经济活动的空间集聚以及与在各种互动学习过程中进行知识创造的关系。他强调在某种条件下,隐性知识和编码知识都可以在当地和全球进行交换。区别只是在于学习的过程和知识的获取之间,学习过程发生在当地,知识的获得是通过外部管道提供的。他认为高水平的空间集聚和很多沟通管道的同时并存,可以为产业集群提供一系列的特殊优势。

另外,还有一些学者从定量的角度研究知识溢出效应。如 Jaffe 和 Winter（1993）合写的《地理知识溢出效应的专利引用明证》一文,采用专利引用数据,构造知识生产函数,分析了地理邻近的知识溢出效应,为知识溢出的定量测度提供了理论和方法。Adam Jaffe（1989）运用国家层面的时间系列数据,对地理上存在的大学研究对于商业创新的溢出效应进行了探讨。结果表明,大学研究对于企业的专利具有重要影响,尤其是在药品和医疗技术、电子、光学、核技术等领域。大学研究通过引导产业研发支出对当地创新呈现出间接影响。这也是对产学邻近创新溢出问题最早的研究。

这些研究认识到了"知识"这一内在要素对于产业集群创新的重要性,并分别从知识的溢出、吸收、流动、创造等不同角度进行探讨,对邻近与产业集群创新问题的分析越来越深入。这些研究成果为进一步深入剖析多维邻近对产业集群创新的作用过程和机理奠定了坚实的基础。

综上可见,邻近与创新问题所涉及的领域之广、学科之多,通过文献共被引分析所揭示的上述各种理论已经表明,这些理论是研究多维邻近影响产业集群创新问题的重要知识基础。在此之后,很多学者展开了更为广泛和深入的探讨。

2.2 邻近与创新的相关研究综述

2.2.1 国内外研究概况

关于邻近与创新问题的研究起源于20世纪90年代,但研究进展较为缓慢,2000年之前的英文发文量仅仅有10篇左右。直到2000年之后,相关研究文献才出现较快增长,尤其是在2005年之后,发文量呈现持续较快增长态势(见图2-2),主要是因为Boschma(2005)的《邻近与创新:一个关键的调查》一文的发表,引起了学术界广泛的关注,由此掀起了邻近与创新问题研究的高潮。

从学科分布来看,邻近与创新的研究涉及经济学、管理学、地理学、环境学、社会学和心理学等多个领域,表2-2列出了1666条文献中占比高于5%的学科。其中,相关文献量排在前三位的依次是:经济学方向的发文量最多,为

477篇，管理学为471篇，地理学为420篇。

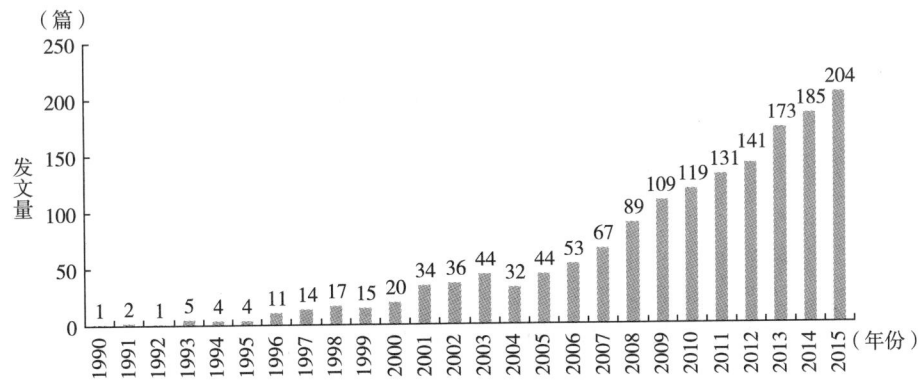

图2-2 国际"邻近与创新"研究文献分布情况

数据来源：作者根据SSCI数据库检索数据绘制。

表2-2 国际"邻近与创新"研究文献的学科分布情况

字段：Web of Science 类别	记录数	占1666的比例（%）
ECONOMICS	477	28.631
MANAGEMENT	471	28.271
GEOGRAPHY	420	25.210
ENVIRONMENTAL STUDIES	370	22.209
PLANNING DEVELOPMENT	262	15.726
BUSINESS	249	14.946
URBAN STUDIES	166	9.964
ENGINEERING INDUSTRIAL	86	5.162

从研究文献的国家分布来看，关于邻近问题的研究遍布世界40多个国家，其中美国的发文量最多，占全部文献量的四分之一还多，英国、德国、荷兰、意大利的占比在10%左右，法国、西班牙、瑞典、加拿大、中国的占比在5%左右，而其他30多个国家总的发文量仅仅占3.9%（见图2-3）。可见，邻近与创新的研究主要集中在发达国家。

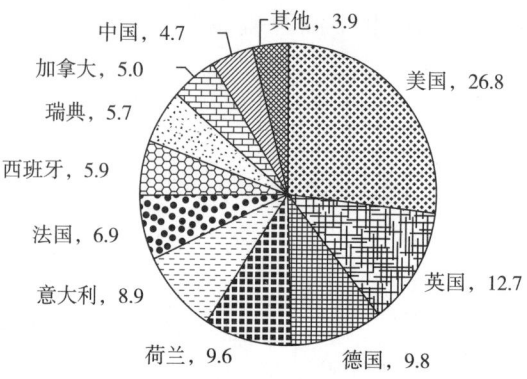

图 2-3　国际"邻近与创新"研究文献的国家分布情况（%）

数据来源：作者根据 SSCI 数据库检索数据绘制。

在国内，邻近与创新还是一个新兴研究领域，尚处于起步和探索阶段。最早在 2006 年才出现相关文献，文献数量也非常少，2006～2017 年在 CSSCI 数据库中仅检索到 31 篇与邻近相关的文献。采用 Citespace 软件进行"作者"可视化分析，发现国内探讨邻近问题的主要有李琳、刘凤朝、韩宝龙、李福刚、黎振强、党兴华、周青、毛崇峰等学者（见图 2-4）。

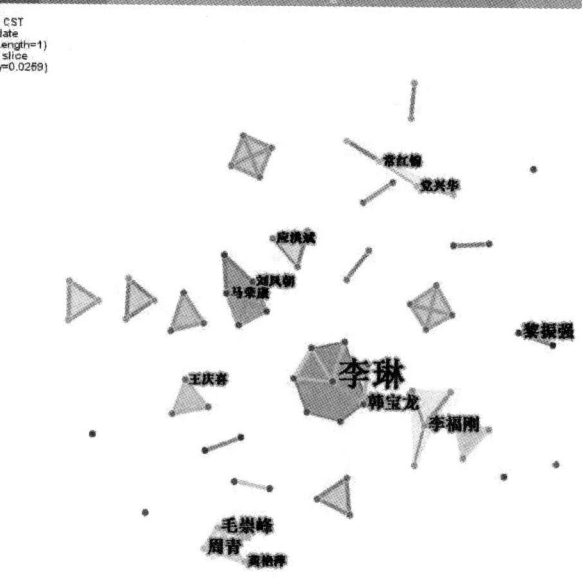

图 2-4　国内关注"邻近与创新"的学者

研究的主题可以通过关键词共现分析来揭示。关键词共现分析通过对高频词的统计，可以探测某一领域的研究主题。其操作过程与文献共被引分析相似，只是节点类型选择"关键词"，主题词来源选择"标题"和"摘要"。通过对检索到的1666条英文文献和31篇中文文献进行关键词共现分析，根据输出的知识图谱（见表2-3、图2-5和图2-6），结合相应施引文献的深入查阅，发现国内外关于邻近与创新的研究主题较为广泛，既有以本土化为主的产业集群企业间的邻近问题，也有跨区域组织间、区域间的邻近、合作创新问题；既有邻近与知识溢出、知识流动等内在关系问题，也有邻近与创新绩效、经济增长等外在表现的问题。从研究的邻近类型来看，关注最多的是地理邻近。最近几年，从关注单一的地理邻近逐渐扩展到多种邻近，其中对地理邻近与创新绩效的关注程度最高（圆环越大，表示这方面的文献越多，见图2-6）。

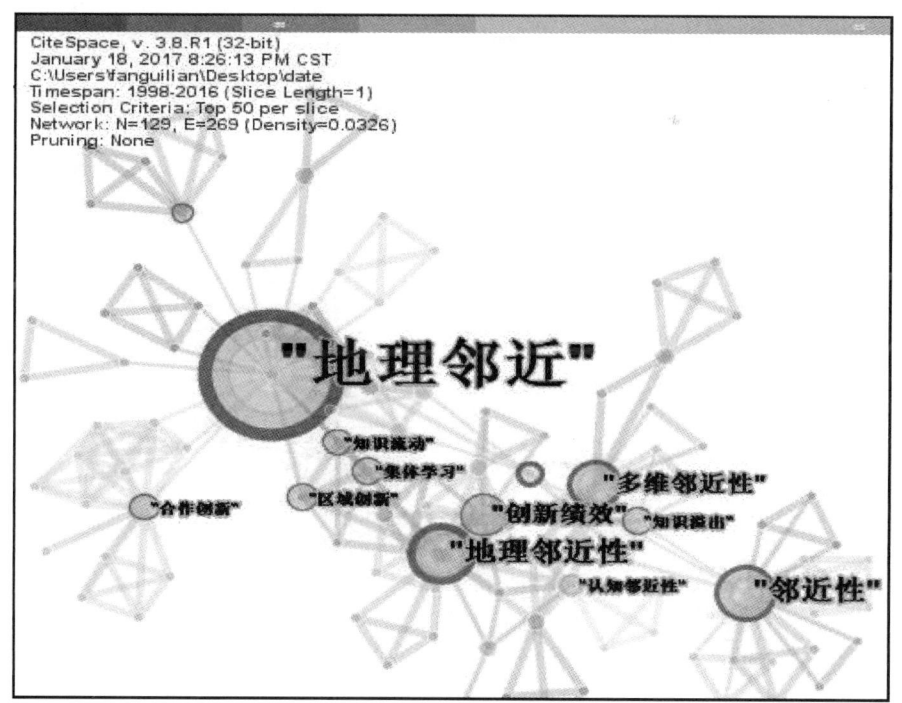

图2-5　国内"邻近与创新"研究的主题分布

表 2-3　出现频次较高的关键词（>80）

关键词	频次	中心性	关键词	频次	中心性
Innovation	843	0.11	clusters	152	0.08
Proximity	373	0.20	growth	133	0.05
knowledge	234	0.08	industry	131	0.12
networks	277	0.08	Organization (s)	131	0.09
firm (s)	259	0.13	location	129	0.06
spillovers	245	0.11	technology	128	0.11
performance	231	0.08	Absorptive-capacity	125	0.06
geography	221	0.30	distance	110	0.12
R&D	220	0.08	collaboration	84	0.03

资料来源：作者根据知识图谱分析结果整理所得。

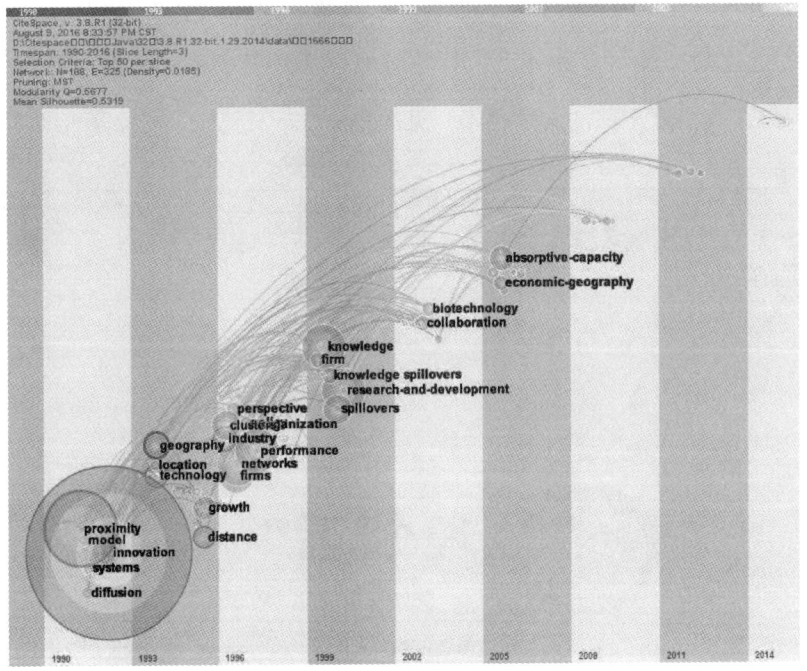

图 2-6　"邻近与创新"研究的关键词共现分析知识图谱

2.2.2　邻近与合作创新

邻近的研究起源于地理集群，但之后已经不再局限于当地单一的地理邻近，研究主体扩展到了组织间、区域间甚至国家间的多种邻近（距离）与合作创新等问题。在表 2-3 中，R&D（研发）、technology（技术）、Absorptive-capacity（吸收能力）、collaboration（合作）、distance（距离）等词的频次和中心性也较高。通过对相关文献的进一步阅读发现，不同学者分别对邻近与不同层面的合作创新进行了研究。

邻近与组织间合作。法国邻近动力学派代表人物 Torre 和 Rallet（2005）在《邻近与本地化》一文中，研究了邻近与活动、人的本地化间的关系，区分了地理邻近与组织邻近，提出的通过两种邻近相互连贯进行活动的地理组织的模型认为，地理邻近不总是形成活动的本土化，组织邻近带来了强有力的远距离合作机制，构成了提高经济社会地理互动发展的基础。文章还讨论了地理邻近的负效应，认为这种负效应可以通过组织或机构间的整合加以限制，也就是通过重组组织邻近来解决冲突，进行合作或谈判。Moodysson 和 Jonsson（2007）研究了生物科技公司与其相关主体间知识合作中功能邻近和关系邻近的作用，认为当地合作的便利性永远无法替代对专门知识的极大需求，因此政策应该为加强当地资源与全球知识资源的联系提供条件，而非推动第二个当地网络的形成。Herrmann 和 Taks（2012）从组织间合作的角度进行研究，发现地理邻近对组织间的创新合作变得不那么重要了，由于较低的交流和交通成本，创新合作者能够容易地合作，即使他们彼此并不接近。Cunningham 和 Werker（2012）分析组织、技术、地理邻近对于欧洲纳米技术合作的影响。结果表明，组织邻近只是间接地影响合作的发生，地理和技术邻近直接影响合作，技术邻近具有最高量级的影响。因此，建议管理部门或政策应注意给潜在的合作者提供专业化的技术信息。

邻近与政产学研合作。Pond 和 van Oort（2007）分析了大学、企业、政府研究机构基于技术的科学研究合作中地理邻近的作用，验证了不同类型组织间的合作比由于制度邻近而相似的组织间的合作，更处于地理上的同位。Pablo D'Este 和 Frederick Guy 等（2011）研究哪种邻近与产学合作的形成有关，特别关注技术邻近的补偿作用，认为技术互补的企业集群，地理邻近对于产学合作已经变得非常不重要了。Hong 等（2013）对中国国情下邻近与产学合作进行综合分析，特别关注地理距离和其他预测因素的混合影响。结果表明，地理距离是产学合作的一个阻碍因素。然而，其他维度的邻近会调节使其负面影响减少。特别是中央政府和当地政府作为两个制度来源能够加强或激励产学合作而没有考虑他们之间的地理距离，即制度邻近极大地加强了合作的可能，这些作用随着距离的增加更为明显。社会邻近和大学声望也有助于非当地的产学合作，但制度干涉时，这种作用会减小。Steinmo 和 Rasmussen（2016）对企业与公共研发机构的合作进行研究。通过 15 个案例的纵向研究发现，哪一种邻近对新合作的建立是重要的，取决于企业的特点，基于工程的企业倾向于依赖地理和社会邻近与公共研发机构达成合作，基于科学的企业更多依赖于组织和认知邻近。另外，与公共研发机构最初就地理和社会邻近的企业，随着时间的推移，可以通过发展认知邻近和组织邻近来维持和扩展他们的合作。

邻近与跨学科合作。Rekers 和 Hansen（2015）从跨学科合作的角度，探讨地理邻近的重要性，建议持久的跨学科合作政策应考虑合作者之间的地理距离，以及不同领域内优秀研究团队的协同定位，以克服跨学科研究的障碍。Fernandez 和 Ferrandiz（2016）检验各种邻近（地理、认知、制度、组织、社会和经济）对学术科学合作的影响，样本来自于 690 所欧洲大学的 240495 篇合作论文。结果表明，地理、认知、制度、社会和间接距离对于科学合作有实质作用，组织邻近的作用弱一些。在学科层面，这些因素的相关性会有一些差异。

另外，还有基于个体层面或国家层面的合作、合作动机与邻近的关系等其他问题的研究。Lander（2015）基于个人层面，探讨邻近在促进科学合作中的作用，认为制度邻近和地理邻近有重要支持作用，部分支持地理邻近对制度邻近的补偿作用。Guan 和 Yan（2016）首次探索邻近与国家双元层面的重组创新。研究表明，两国的技术邻近与他们的重组创新呈倒 U 型关系，意味着技术邻近能够提高联合重组的潜力，但知识同质性不应该太高。另外，文化距离负向调节二者的关系，地理距离的调节作用没有得到支持。Kirat 和 Lung（1999）研究了地理邻近、组织邻近、制度邻近如何与当地创新系统相联系。他们强调此情境中制度框架尤其重要，因为这样的创新系统建立在区域层面的集体行动依赖于共同的行为和认知规则。Ansen（2014）深入探讨合作动机对合作所需邻近特征的影响。研究认为，合作动机不同，双方合作所需要的邻近不同，在实际产品开发和知识创造的交互作用所激发的合作关系中，地理邻近扮演很重要的作用；在市场准入和成本所激发的伙伴关系中，远距离关系是重要的。Hansen（2015）检验地理邻近与非空间邻近的关系，区分了两种机制：替代机制，即非空间邻近替代地理邻近；重叠机制，即地理邻近促进非空间邻近，分析了丹麦清洁技术行业合作创新项目中两种机制的重要性。

邻近与合作问题也是国内学术界探讨最多的一个主题，包括产学研合作、企业间合作、跨区域合作、科研合作等各种合作与邻近的研究文献都有。在产学研合作方面，杨雪等（2014）利用 2008～2012 年中国产学合作申请的专利数据，以语言的相似度作为文化邻近的主要判断依据，以大学威望为控制变量，探讨文化邻近对产学合作创新的影响。初大智和胡子云（2016）以广东省生物技术为例，运用回归分析方法研究地理邻近、组织邻近、认知邻近、技术邻近对科研合作质量的不同影响。史烽等（2016）将技术距离分为技术相似度和技术深度横纵向两个维度，探讨技术距离和地理距离对大学与企业协同创新的影响，研究表明，技术相似度对大学与企业协同创新的影响最为显著，地理距离越短越有利于二者协同创新活动的开展。胡杨和李郇（2017）研究指出，地理邻近、认知邻近、社会邻近对产学研合作均具有积极影响，其交互影响呈互补或替代效应，并且对技术创新不同阶段的影响存在差异。夏丽娟等（2017）研究表明，制度邻近对企业和大学协同创新的促进作用不明显，技术邻近与产学协同创新绩效呈倒 U 型关系，且地理邻近负向调节此倒 U 型关系，地理距离对产学协同创新绩效的影响并不是负向的。

在邻近与跨区域合作方面，党兴华和弓志刚（2013）利用中国30个区域之间共同申请专利数，对地理邻近性、认知邻近性、制度邻近性与跨区域技术创新合作的关系进行了实证研究。李欹和胡元佳（2013）认为，地理距离和技术距离是影响跨区域合作的主要因素，且二者对同组织省际合作的影响程度均小于对异组织省际合作的影响程度。刘凤朝等（2014）研究表明，对于跨区域企业间、学研机构间的合作而言，关系邻近大多为正向影响，技术邻近大多为负向影响，地理邻近的影响不显著。

在企业合作方面，周青和侯琳（2012）则研究了制度邻近性对组织合作创新绩效的影响。曾德明和任浩等（2014）采用最小二乘法和序列逻辑回归方法，分析组织合作创新的地理邻近程度与组织邻近和组织背景之间的关系，探讨地理邻近对组织合作创新的间接作用机理。迟嘉昱和孙翎（2015）基于2003~2013年企业合作申请的专利数据研究邻近与创新绩效的关系，结果表明，技术距离与企业合作创新绩效呈现倒U型关系。杨博旭等（2019）研究表明，制度邻近和地理邻近能够显著促进合作创新绩效，技术邻近与合作创新绩效呈倒U型关系，技术多元化对于上述关系均具有正向调节作用。

2.2.3 邻近与知识溢出

从表2-3可以看到，knowledge（知识）、spillovers（溢出）的频次和中心性都很高，表明邻近与知识溢出、转移、扩散等问题是邻近研究领域关注较多的主题之一。Gallie（2009）检验地理邻近是不是知识扩散或者是合作网络发展的必要条件。研究结论是，法国与欧洲合作者的分离并不构成知识流动的障碍，然而产业内部的知识溢出来自于周围区域而不是更远的区域。Agrawal和Kapur（2008）运用知识流动生产函数研究表明，空间邻近和社会邻近都能增加个体间知识流动的可能性，但二者的边际效益表明，空间邻近和社会邻近对于知识获取的影响是替代的。Hautala（2011）发展了认知邻近的概念，通过对四个高层次国际学术群体的案例研究，分析认知邻近与知识创造的关系，认为认知邻近是具有不同专业和文化背景的群体创造知识所必需的。Sally Davenport（2005）认为，初创期中小企业的知识获取活动受益于与相似企业和优秀研究中心的地理邻近。但创新驱动的增长路径、快速的国际化和随之而来的定制化战略培育了基于组织邻近的从国际资源获取知识。因此，作者认为，当地的环境因素将决定组织邻近、地理邻近或者两者是否都是知识获取的关键。Ajay Agrawal 等（2012）将地理邻近和制度邻近、技术邻近、社会邻近、组织邻近联系起来，评估它们在传递知识溢出中是替代或补偿的。结果表明，所有的邻近对于跨区域间的知识流动都有明显的作用，技术邻近表现出最重要的影响。Basile 和 Capello（2012）认为，社会邻近和关系邻近对于知识溢出具有积极作用，并且地理邻近、关系邻近、社会邻近和技术邻近对知识溢出产生协同效应。Prescott 等（2014）通过三对并购企业的案例，研究三种形式的邻近，即地理邻近、组织邻近、认知邻近以及管理干预对并购企业知识转移和创新的影响。Torre（2008）提出了临时地理邻近的概念，他坚持现有理论所认为的地理邻近对知识转移是必要的，但他认为，并不总意味着创新和研发活动的本地化。当前，地理邻近大多只影响生产和研发活动的某些阶段。临时的地理邻近意味着空间的强关系，短期或中期的访问对于合作者所需的信息交换常常是足够的。Muller 和 Stewart（2016）通过奥林匹克运动会294个个体样本知识转移的分析表明，临时地理邻近对学习的预测非常弱，只有地理邻近与组织邻近被一起考虑时，其解释价值才会提高，这体现了多种邻近的协同作用，但并没有进一步分析。

国内也有一些研究从不同维度的邻近与知识溢出、知识转移的关系等进行探讨。比如，黎振强（2010）分别从企业、产业和区域层面，研究地理、组织和技术邻近性三个维度对知识溢出的影响。赵炎等（2016）认为，战略联盟网络结构和企业的地理空间位置都会影响知识转移,地理邻近性会明显促进联盟知识转移,而网络邻近性的正向影响不显著,较高的网络密度能进一步提升地理邻近性对知识转移的正向作用。陈跃刚等(2018)则是从地理、技术、信息、经济四个维度进行研究,实证结果表明,技术邻近和地理邻近对于长三角城市间知识溢出的作用较强,信息邻近的作用较弱,而经济邻近的作用不明显。陶长琪和彭永樟(2018)又是从制度邻近和地理邻近两个维度分析,结果表明,限制知识空间溢出效应的主要是制度环境而非地理环境,区际间制度邻近程度越高,溢出损耗越小。已有的这些研究关于多维邻近维度的划分、研究结论等方面的差异都较大。

2.2.4 邻近与创新网络

从表2-3可以看出,除了Innovation(创新)、Proximity(邻近)这两个主题词的频率最高外,networks(网络)的频次和中心性(一般认为大于0.1,则居于核心地位)都很高,表明学术界对于邻近与网络等微观机理问题的关注程度也较高。Whittington和Owen-Smith(2009)分析地理邻近和网络位置对公司创新的联合影响发现,区域集聚和网络中心对组织创新是补偿但不确定的影响。Balland(2012)分析了邻近对合作网络演进的影响,研究了组织如何根据地理的、组织的、制度的、认知的、社会的邻近选择合作伙伴。结果表明,地理邻近、组织邻近和制度邻近支持合作,认知邻近和社会邻近没有显著作用。Anne(2013)探讨地理距离和三元组闭合作为推动合作网络演进的两个主要力量,它们之间的相互作用。文章论证了最初三元组闭合能够强化地理距离的影响,随着时间的推移,地理距离的影响降低,三元组闭合成为产生较远距离合作关系的工具,并且日益强大。Lorenzo Cassi和Anne Plunket(2015)探讨网络与邻近性对合作发明的影响认为,这些影响可能相互替代或补充。Fitjar和Huber等(2016)提出了创新网络中最优距离的黄金法则假设:当网络中的合作者位于最合适的距离时，公司能够获得最好的创新结果。通过对挪威542个公司的调查分析证实了这一法则，即那些创新最好的公司，与合作者间所有非地理维度的邻近都是中等水平。文章还强调地理距离可以被创新驱动的其他邻近维度所补偿。

国内有少数学者关注邻近与知识网络、技术网络等创新网络问题。张宗益和袁立科（2007）研究邻近对技术创新的影响。汪涛和王贝贝（2013）分别从单一邻近性作用、地理邻近性作用界限以及多元矩阵回归三方面研究多维邻近对知识网络演化的影响，结果表明了地理邻近性起作用的空间界限，揭示了多维邻近性在知识网络结构演化中的作用大小及相互关系。吕国庆和曾刚（2014）采用社会网络多元回归和纵向网络分析方法，就地理邻近和社会邻近对创新网络及其演化的影响进行实证分析，他们强调地理邻近仍是创新网络形成的基础及演化的首要驱动因子。余谦和刘嘉玲（2018）分析了创新超网络的技术邻近择优连接机制与超度择优连接机制，并构建了技术邻近动态下的创新超网络演化模型。

2.3 产业集群创新研究综述

长期以来，产业集群创新问题一直备受国内外学者的关注，对产业集群创新的认识不断深化和拓展，形成了深厚的理论基础和丰富的研究成果。从经济外部性理论、竞争优势理论、空间经济理论发展到复杂系统理论、协同论、网络理论等，从产业集群主体协同创新系统模型（万幼清，2014；张敬文、李晓园和徐莉，2016）、集群内部合作创新博弈模型（范如国、张应青和罗会军，2017）扩展到集群与外界交互学习的开放式合作创新模型（易明和罗颖，2017）、产业集群网络创新模型（魏江等，2014；赵鹏，2018）等。随着高质量阶段绿色发展理念的提出，越来越多的研究开始关注产业集群创新生态，基于创新生态系统理论对产业集群创新生态能力进行评价（欧光军和杨青，2018），对产业集群创新生态系统竞争优势的形成与演化特征进行分析（朱桂龙，2018）。

产业集群创新受到诸多因素的影响，国内外学者对于影响产业集群创新的因素及其作用机制进行了大量的研究，研究主题集中于网络特征、竞合关系、知识溢出、环境因素等对产业集群创新的影响。

2.3.1 知识溢出与集群创新

关于知识溢出与产业集群创新的研究大概有两种不同的观点：一种观点认为，知识溢出正向影响集群创新。比如，Cohen 和 Levinthal（1990）指出，获取外部知识的能力是影响集群创新的一个关键因素。Beptista（2001）认为，知识溢出和流动有利于集群创新绩效的提高。朱秀梅（2006）对高技术产业集群创新的研究认为，隐性知识溢出、吸收能力与创新绩效分别是正相关关系，吸收能力对二者之间的关系具有调节效应。Otergaard（2009）指出，知识在产业集群网络中的流动加速了创新融合和溢出扩散效应，有利于集群创新。高明和黄清煌（2015）对环保产业集群的研究也认为，知识溢出与创新绩效具有正向影响，知识系统化能力对二者的关系起调节作用，而创新环境和企业网络结构则起中介作用。郑慕强和李兰芝（2015）进行了更为细致的研究，将知识溢出分为横向外溢效应、纵向外溢效应、伙伴网络效应、资助网络效应四个渠道；将创新能力分为知识生产和知识转移两种能力。结果表明，四种外部网络效应都对创新绩效有显著正向作用；知识生产能力分别在横向外溢效应、伙伴网络效应、资助网络效应与创新绩效的关系中起调节作用；知识转移能力仅调节横向外溢效应与创新绩效之间的关系。另一种观点认为，知识溢出对产业集群创新既有正效应，也有负效应（杨皎平，2015），并且集群企业间的竞争程度负向调节知识溢出的创新协同效应，正向调节知识溢出的创新抑制效应。李宇和王俊倩（2015）也指出，集群中的技术溢出具有促进技术转移和诱发技术模仿的正、负两方面的效应，组织间学习、网络能力在产业集群技术溢出的正向利用过程中均发挥了关键作用。

2.3.2 网络特征与集群创新

创新者很少是单独创新的，他们总是基于快速信任联合起来，如加入实践社区、植入相互作用的密集网络中（Scott & Brown，1999；Brown & Duguid，2000）。由市场关系网络、社会关系网络等叠加而成的产业集群网络，在乘数传导、合作创新及创新动力增强三种创新机制作用下，使集群具有创新投入低、风险低而成功率高、创新成果扩散快、创新周期短、新产品乘数倍增等优势（黄中伟，2007）。但同时信息通过网络快速扩散、产业集群网络的锁定及路径依赖效应又会抑制集群主体的创新活动（Grabher，1993）。很多研究认为，产业集群的网络结构（Yoshiyuki，2008；曾婧婧和刘定杰，2017）、网络的合作度和开放度（Ron & Anne，2005；Boschma，Ter Wal A L J，2007；王松，2013）、网络关系强度和质量（吴松强，2017）、网络嵌入性（庄彩云和陈国宏，2017；曾婧婧和刘定杰，2017）、网络联通性（付韬和张永安，2017）、集群企业的网络能力和网络位置（李宇和张福珍，2015；陆艳红，2017）、集群企业的网络权力（韩莹和陈国宏，2016）等网络特征对产业集群创新均具有显著影响。Love 和 Roper（2001）具体分析了社会合作网络对产业集群创新的影响。魏江和朱海燕（2007）用企业与七个相关主体的交流强度表示网络化程度认为，这些要素通过影响创新速度进而影响创新绩效。李志刚（2007）基于网络结构—成员行为—创新绩效的研究范式，分析了产业集群的网络结构对产业集群成员的影响及其与创新绩效的关系。姚云浩和高启杰（2015）也采用 SCP 分析框架进行分析认为，集群网络特征是旅游产业集群绩效产生的基础。进一步研究指出，正式制度嵌入能够提升集群企业创新绩效，而非正式制度的作用不明显；网络结构嵌入正向影响创新绩效；在认知嵌入中，企业家的创新、创业精神都正向影响企业创新绩效，知识流入在二者关系中起部分中介作用。邓峰（2015，2016）采用结构方程模型分别研究了核心企业的网络权力、创新能力对产业集群创新的社会绩效、效率绩效和规模绩效的影响。

2.3.3 环境因素与集群创新

区域环境也是影响产业集群创新的重要因素（Lundvall，1992；Lagendijk & Charles，1997）。Martin Woerter（2009）研究发现，植入多样化的市场环境中的企业比那些处于同质化市场中企业的创新绩效要好。徐维祥和陈斌（2013）以创业活动为中介变量，对创新集群外部环境、创新集群网络结构与集群创新绩效之间的关系进行了理论与实证研究。刘新艳和赵顺龙（2015）通过问卷调查和层次回归分析，研究表明社会文化、要素环境、区域政策对集群创新绩效具有积极影响，而集群氛围与创新绩效的关系呈倒 U 型。朱建民和史旭丹（2015）基于生命周期的视角，探讨了横向、纵向、斜向三种社会资本对产业集群创新的影响。

2.3.4 竞合关系与集群创新

集群企业间的竞争与合作关系也是影响产业集群创新的因素之一。集群企业间的合作和适度的竞争都有利于产业集群创新（Julie Jackson & Peter Murphy，2006；曹休宁，2015），但过度竞争则会阻碍产业集群创新，竞争关系与产业集群创新绩效呈倒 U 型（杨皎平，2015）。并且，产业集群企业间的合作比竞争对集群技术创新绩效的影响更大（张惠琴和邵云飞，2011）。

另外，有部分学者综合研究多个因素对产业集群创新的影响。曹群（2009）基于产业链理论，揭示了影响产业集群创新的四大要素，即知识溢出、知识整合

第 2 章　理论基础与文献综述

能力、网络化程度以及创新机制。赵波（2011）研究了产业集群的协同性、支持性、共享性、集聚性对产业集群创新绩效三维度（产品创新、技术创新绩效和生态绩效）的影响。洪茹燕（2012）建立了"创新网络—创新搜索—创新绩效"的理论框架，研究创新网络、环境、创新搜索对集群企业创新绩效的不同影响。张骁等（2016）以广州集群为例，研究表明，社会网络、组织学习对产业集群创新有明显的积极作用。

现有文献从产业集群外部的宏观环境到内部的竞合关系，从网络特征到知识溢出等角度对产业集群创新进行了广泛的探讨，这些研究成果对于认识产业集群创新取得了重要进展，也为本研究奠定了坚实的基础。但现有研究较为分散，尚未形成一致的理论分析框架，还需要进一步挖掘影响产业集群创新的深层次原因，比如，是什么造成集群不同程度的合作或竞争？又是什么原因导致知识溢出的不同？本研究认为，无论是竞合关系、知识溢出还是网络结构、环境制度等，这些因素影响产业集群创新背后的原因都可以统一到多维邻近的分析框架之下进行解释，正是因为集群主体间多维邻近的相互联系和共同作用决定了他们之间的竞争或合作关系、知识溢出程度、网络结构特征等。

2.4　多维邻近与产业集群创新研究综述

2.4.1　产业集群的邻近问题

关于邻近的研究兴起于企业的地理集聚，产业集群作为企业集聚的一种重要组织形式，其邻近问题自然是学术界一直关注的话题。从表 2 – 3 可以看出，

Geography（地理）、clusters（集群）、industry（产业）、location（本地）等词的频次和中心性都较高，也反映了这一点。有些学者特别关注产业集群中各种邻近的补偿或替代关系。比如，Huber（2012）检验剑桥信息技术集群中个人知识关系的空间邻近、社会邻近和认知邻近，研究结论强调，地理邻近比非地理邻近更能够促进认知方面的多样性知识，某一维度的距离至少能够被其他一个维度的邻近所弥补，但技术语言的相似性不容易被替代。Ben Letaifa（2013）通过公—私创新集群的纵贯案例研究认为，社会邻近是促进合作的最主要邻近，过高的认知邻近、组织邻近、制度邻近、地理邻近不会促进交流和合作。有部分学者探讨当地邻近与外部联系问题。如，Frédéric Rychen（2006）基于知识经济时代产业集群地理邻近的约束和全球化机遇认为，应当建立当地和全球之间的平衡，而这个可以通过建立临时邻近来实现。Marcela Ramírez Pasillas（2010）将永久邻近和临时邻近联结起来认为，产业集群网络包括三种邻近：集群内邻近、集群外邻近（跨国的朋友关系、市场关系、国际贸易事务中的合作关系）、桥接邻近（与没有参与国际贸易事务的公司进行贸易），他们认为，参与国际贸易事务能够潜在地帮助公司克服产业集群的地理局限性，扩大了当地关系和跨国关系之间相互联系的可能性。Karlsen 和 Nordhus（2011）讨论集群企业在他们国际化努力过程中如何利用各种邻近的优势，研究发现，高度国际化的公司依靠认知邻近和组织邻近实现进一步国际化，而国际化程度较低的公司依赖社会邻近和制度邻近。

2.4.2 单一或多维邻近与集群创新

有学者从宏观角度探讨了邻近与组织、组织联盟、集群、城市或国家等不同层面主体的创新问题。从表 2-3 看出，Performance（绩效）、growth（增长）的频次也是排在前几位的。Molina – Morales 和 Garcia – Villaverde（2014）研究认为，认知邻近对创新绩效具有直接和间接影响，过度的地理邻近会产生空间锁定，因此限制了新知识的获取而降低创新，目标邻近和文化邻近使同一区域的集群企业能够获得知识进而带来创新。他们进一步指出，尽管在产业集群环境中存在可转移的有价值的知识，但企业应该采取积极的行为去获得共同的知识（基础）以产生有效的创新，这一结论指出了认知邻近对于产业集群创新的重要性。Cassi 和 Plunket（2014）研究认为，在不同的地理和组织环境中，合作发明网络和邻近的不同特点使合作主体获得不同的知识资源，最终影响发明合作的质量。尽管地理邻近、组织邻近、技术邻近都对新合作的形成具有积极作用，但只有组织邻近和技术邻近直接影响绩效。Capaldo 和 Petruzzelli（2014）研究合作者地理邻近和组织邻近对知识创造联盟创新绩效的单一和交互影响。分析表明，联盟企业与附属机构之间的地理距离负向影响联盟创新绩效，但合作者的特点正向调节彼此对联盟创新绩效的影响，因此揭示了不同形式邻近之间的补偿效应，即某一维度的距离（邻近）能够被另一维度的邻近（距离）克服。Broekel 和 Boschma（2011）认为，邻近是机构间联系和交换知识的重要驱动，但同时任何一个维度太多的邻近都可能损害他们的创新绩效。通过对丹麦航空业知识网络的研究表明，认知邻近、社会邻近、组织邻近、地理邻近是解释丹麦航空业知识网络的关键。Liang-chih Chen 和 Zi-xin lin（2014）以台湾机器制造业为例，检验地理邻近与产业集群持续动力的关系。与近来很多研究所认为的地理邻近与产业集群持续繁荣较小的相关性相反，该项研究发现，地理邻近对于集群企业保持和开发各种能力依然是重要因素。

　　近些年，国内学术界也开始关注邻近对产业集群创新的影响。湖南大学李琳教授的研究团队一直致力于这方面的研究，在国内邻近与创新领域具有领先地位。他们采用结构方程模型、偏最小二乘分析方法，研究了地理邻近、组织邻近、认知邻近三种形式的邻近对产业集群创新绩效的影响；通过人工神经网络和最小二乘回归方法研究地理邻近、认知邻近对高技术产业集群创新的影响等。另外，杨田（2011）认为，地理邻近正向影响产业集群创新绩效，横向组织邻近和纵向组织邻近分别正向和负向影响产业集群创新绩效。地理邻近与横向组织邻近呈互补关系，与纵向组织邻近呈替代关系。黎振强（2011）从企业、产业、区域三个层面，分析地理邻近、组织邻近和技术邻近性对知识溢出与创新的影响机制指出，邻近性强度与企业创新绩效之间存在非线性的倒 U 型关系。熊雪梅（2012）研究表明，地理邻近在产业集群初期和成长期对创新具有积极作用，并且在集群成长期的影响效应比初期大。

2.5 文献评述

通过对现有研究文献的阅读与梳理发现，国内外学者从多个不同的角度对多维邻近与创新进行了探讨，取得了丰硕的成果。这些研究对本书具有重要的启示和借鉴作用。国外的研究内容涉及面广、研究的邻近类型较多，国内关于邻近问题的研究还处于兴起和探索阶段，尚未引起足够的关注。目前该领域的研究还远未成熟，还有很多值得进一步深入研究的问题。

其一，多维邻近概念界定模糊。由于"邻近"内涵的丰富性和多维性以及研究视角的不同，现有文献中对邻近概念及其维度的界定模糊不清，使用较为混乱。邻近的名称和测量有很多不同的方式，有时甚至是矛盾的，呈现出较多的重复和交叉，常常说明不充分或过度说明（Knoben Oerlemans，2006）。这给进一步实证研究造成了很大的困难，一定程度上影响了该领域的纵深发展。

其二，多个邻近维度协同作用的研究缺乏。现有文献对单一邻近的研究很丰富，有的文献虽然研究的是多种邻近，但大多是分别研究各个邻近的单独作用。也有一些文献研究两种邻近的交互作用，国内学者李琳及其团队对两种邻近之间的交互作用进行了研究，但鲜有文献研究多种邻近的联合或协同作用，对多维邻

第2章 理论基础与文献综述

近的协同作用尚缺乏系统的研究。Frenken（2009）指出，同时研究多维邻近是很重要的，因为它们常常是相互联系的。仅仅从独立于其他邻近形式的一个维度或两种邻近的交互作用，难以完全理解多维邻近对产业集群创新的影响。本研究突破了这一局限，考虑多维邻近之间的相互关联性，探讨多维邻近对产业集群创新的协同作用机理，这一研究能够弥补现有研究的不足。

其三，基于中观和宏观层面的相关研究不足。现有的研究大多是从个体间的合作、企业间的合作、政产学研合作等微观层面展开的，尤其以产学研等组织间合作居多，对产业集群、区域层面、国家层面的研究相对较少，特别是从中观层面，基于多维邻近协同作用视角研究产业集群创新问题的还不多见。

其四，从动态角度的研究尚不充分。无论是个体层面、组织层面，还是产业集群、区域等层面的邻近关系不会是一成不变的。但现有研究较少考虑邻近的动态性，大多是从静态的角度进行研究。随着产业集群的演进发展，各种邻近是如何变化的？在各个阶段又是如何影响产业集群创新的？这些问题都需要从动态的视角进行深入系统的研究。

总之，关于多维邻近与产业集群创新，讨论最多的是地理邻近对于知识溢出与创新问题，也有学者讨论其他邻近对于合作创新的影响、各种邻近之间的关系是替代还是互补等问题，但所得结论差异较大。本书认为，对于产业集群而言，各种邻近都在同时起作用，很难分离各种邻近的单独作用，探讨多种形式邻近的协同作用对于解释产业集群创新更有实际意义。不仅仅是空间邻近，机构间认知、关系和合作联系，更是驱动知识交换的关键（Emanuela Marrocu, Raffaele Paci & Stefano Usai, 2012）。产业集群天然的多维邻近与产业集群独特的创新优势之间有何种联系？是如何联系的？多维邻近如何协同作用影响产业集群创新？随着产业集群的演进，这些邻近所发挥的作用是否随之而变？在现有研究的基础上，本书对这些问题展开深入分析，从静态和动态两方面探讨多维邻近影响产业集群创新的协同作用机理，从多维邻近协同作用的视角揭示产业集群创新的本质，从根源上分析影响产业集群创新的原因，为产业集群的形成、发展、创新、升级奠定基础和探索路径。本书的研究超越了仅仅从经济主体在地理上的邻近对集群创新影响的分析，更加全面地考虑了经济主体间认知的、制度的、地理的等多方面因素的不同结构或不同时期对产业集群创新的影响，为有针对性地采取相应的政策和措施促进产业集群持续创新发展提供了思路和依据。

2.6 本章小结

学习和掌握前人的研究成果不仅是理解研究状况这个"事实"是什么，更重要的是能发现问题并启发思维产生新的想法，更加明确所要研究的问题。本章运用科学计量分析方法，全面了解了国内外关于邻近与创新问题研究的代表人物、理论基础、国家分布、学科分布、热点主题等，为进一步深入研究打下了坚实的基础。

第3章 多维邻近对产业集群创新协同作用的理论框架

产业集群创新不同于单个企业的创新，而产业集群的多维邻近与个体之间或组织之间的邻近也有所不同。把握产业集群的本质及其创新特点，理清产业集群多维邻近的内涵，并建立起多维邻近对集群创新协同作用的理论框架是深入探寻多维邻近影响产业集群创新内在机理的前提和基础。

3.1 产业集群创新相关概念界定

3.1.1 产业集群

Marshall（1890）是最早对产业集聚现象进行探讨的经济学家，他认为"很多性质相似的小企业集中在某一特定地区"而形成的"产业区"会产生"外部经济"。Weber（1929）在《工业区位论》一书中，首次提出"集聚经济"的概念，并对其形成、分类及优势进行了详细的阐述。Weber认为，某个区域内彼此之间密切联系的企业所构成的集聚体具有三个要素：生产过程的专业化、劳动力的高度分工、产品的批量购买和销售，生产成本的降低和生产效率的提高。之后，很多学者也都关注到了企业集聚现象并开始研究集聚经济的特征与优势。Loshentlied（1975）认为，有着一定的相似性、关联性或者互补性的中小企业，在一定空间范围内的集聚会产生集聚优势。Williamoson（1975）认为，产业集聚是有着专业化分工与协作关系的很多企业集合起来的组织，他进一步指出，这是一种介于纯市场组织与科层组织之间，能有效地克服这两种组织的失灵问题并降低交易成本的组织。Becattini（1990）基于"第三意大利"现象，提出的新产业区理论认为，企业集聚是有共同社会背景的企业在某一地理区域形成的生产综合体，集聚优势来源于企业及相关部门之间的相互联系。这些研究已经蕴含了产业集群思想，但并没有提出产业集群的概念。Porter（1990）明确提出"产业集群"这一概念，他认为，产业集群是某一特定领域内相互联系的企业和机构在地理上的集中，他深入分析了产业集群这一空间组织形式能够带来的竞争优势。

国内外学者在 Porter 的基础上，对产业集群进行了更为具体的阐释。Pyke（1992）认为，产业集群是同一个产业内在生产环节上具有协作关系的大量企业的聚集，这些企业根植于集群所在地的社区，强调了集群企业之间的分工协作以及集群的根植性。曾忠禄（1997）、艾萨克森和浩杰（2002）都强调产业集群中包括相同产业的企业、关联产业的企业以及有支持作用产业的相互依赖的企业。国内学者王缉慈（2001）进一步指出，产业集群不仅是由企业及相关机构组成的集合，这些企业和机构所处的位置相近，还因为存在共性和互补性而聚集在一起，彼此之间相互联系。有的学者认为，产业集群是一种网络组织，如 Bagella（1998）指出产业集群是中小企业在特定区域高度集中所形成的企业网络，这些企业之间存在投入产出关系、受共同社会规范约束、相互之间充满正负两种溢出效应。Rolelandt 和 Hertog（1998）也指出，产业集群是由企业、知识生产机构、中介机构以及客户等主体通过增值链彼此联系而构成的一种网络，这些主体之间存在很强的依赖关系，并共同致力于减少交易费用、通过协作获取经济收益、克服或者打造市场壁垒、分散创新可能面临的风险等。二者不同的是，前者认为是企业网络，后者认为是由包括企业在内的多个不同主体所形成的网络。张辉（2003）认为，产业集聚体内的相关主体依靠纵横交错的内部网络关系而紧密地相互联系。还有部分学者认为，产业集群是企业群，这个群体发展的基础是企业家个人所拥有的社会关系网络（李新春，2002），是具有广泛劳动分工的企业在地理上的集中，并且拥有参与本地化市场竞争而必须具备的专业化创新的企业群（Schmitz，2000）。

经过一个多世纪的演变发展，学术界对产业集群还没有统一的认识，但上述各种不同定义所揭示的产业集群的基本内涵已趋于一致：其一，产业集群是某一产业及其相关产业的集聚体。一般是由相同或相近的主导企业以及相关企业及机构，包括上下游企业、同类企业、政府机构、公共服务机构、教育机构、研发组织等主体构成。其二，在某一地理空间的集聚。一般产业集群存在地理上的邻近，但又不局限于某一行政区域，可以跨越行政地理边界，如某些跨国集团。其三，主体之间具有密切的联系。集群主体并不只是简单地在空间上的集聚，更重要的是它们之间形成的各种经济关系、社会关系和知识关系等。

产业集群作为一种既不同于企业，也不同于市场的中间性组织形式（曹休宁，2015），能够节约交易费用、提高经济效益、增强抗风险能力，通过企业间的竞争与协作，能够激发更多的创新活动和行为。因此，本书将产业集群界定为：产业集群是某一产业及其相关产业的企业、研发和服务等相关组织，以降低成本、提高效率、促进创新为目的，自发主动或由政府引导集中于一定的地理空间，彼此之间密切联系、相互作用，并不断地与外部进行物质和能量交换，通过纵横交错的合作网络所形成的创新场（见图 3-1）。

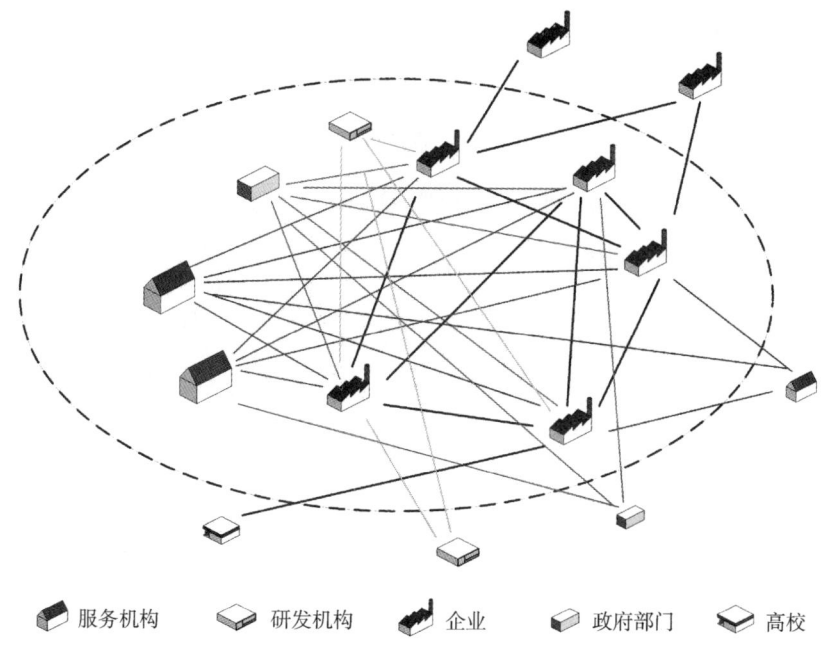

图3-1 产业集群示意图

产业集群不同于产业集聚,产业集群的本质是主体间的密切联系和依赖关系。产业集群也不等同于区域集聚,产业集群可以跨越地理行政边界。深入认识和把握产业集群的概念,还应明确以下几个方面的问题。

第一,产业集群具有动态边界。产业集群的边界不一定是在某一确定的地理区域,也不是一成不变的。尽管产业集群常常是在行政区域边界之内,但产业集群可以跨越行政边界甚至国家边界（Porter,1998）。产业集群的边界是由对于竞争和互补最重要的产业和机构间的联系来确定的。产业集群不仅有空间边界（即地理上的集中）,还有主题边界（如某一个产业或某几个核心产业）。一个集群可能形成一个或几个核心,进一步可能形成几个子集群（Max-Peter Menzel,2007）。当地的路径依赖、交易成本、集群内较小的认知距离、集群间较大的认知距离,使各地区的产业集群有了区域的特点。集群主体在网络连接的过程中,通过不断地进行集体学习，促进集群创新网络和区域创新环境的互动，能够整合先前没有联系的远处或相邻的经济主体进入到集群，进而实现主体的空间集聚与集群的持续发展，以此扩大集群的边界。当新的企业或研究机构被整合进集群时，集群的主题边界扩大。随着集群的不断发展，集群的主题边界和空间边界不断扩大，全球价值链、全球生产网络是其发展的最终形态。

第二，产业集群包含多种关系。产业集群不仅仅是相关的企业或机构简单的地理上的集中，集群主体间的各种联系才是集群的本质。这些联系既有上下游企业之间基于高度专业化分工与合作的纵向关系，也有同类企业之间横向的协同与竞争关系；既可以是企业与政府、公共服务机构之间的政企关系，也可以是企业、高等院校及研究机构间的产学研关系；既有正式的契约关系，也有非正式的人际社会关系；既包括集群内主体间的联系，也包括集群与外部的联系。正是这些纵横交错的关系网络使产业集群成为一个有机的整体，而不仅仅是单个主体的简单相加。

第三，产业集群是一个创新系统。创新系统在本质上是具有社会性和动态性的系统，其核心行为是互动性学习，系统中各要素在学习和创新过程中得到相互强化（Freeman, 1987; Lundvall, 1992; Nelson, 1993）。产业集群就是企业、高等院校、科研院所、政府及服务机构等创新主体，在产业集群这样一种既不同于企业又不同于市场的特殊组织中，通过主体间的各种联系，相互学习、相互影响，协同作用，其浓厚的创新氛围、频繁的知识交流互动，使集群成为一个学习区，形成一个创新空间或创新场，成为促进新技术或新知识产生、转移和扩散的创新系统。某个企业的创新能力被集群中其他主体的行为所影响。反过来，每个企业的创新活动和行为会影响到其他企业利用知识的可能性。这样来看，集群中单一主体的行动会对整个集群造成影响。因此，产业集群是不同主体通过各种交换关系和相互依存而密切联系的创新系统。产业集群创新系统使集群内知识的创新、扩散、应用等周期更短、效率更高。20世纪90年代，OECD对产业集群的定义中就指出，经济集群可以和小范围的创新系统相等同。

第四，产业集群是一个开放系统。产业集群虽然一般处于一定的地理区域内，集群内部密切联系，但它并不是封闭的，不仅仅是集群内部主体间的相互联系和作用，同时，集群与外部不断地进行物质和能量交换。集群企业长期的集体学习和连续的知识积累，可能会使整个集群日渐形成一种路径依赖和技术锁定。因此，必须冲破集群的地域限制，在更大范围内构建更开放的区域创新系统。通过不断地进行外部学习和资源获取，使集群的创新环境不断改善，集群得以持续发展（Keeble & Wilkinson，1999）。

3.1.2 产业集群创新

创新是一个内涵十分丰富的概念，从创新的类型来看，包括新产品、新技术、新材料、新市场、新的组织方式五类创新（Schumpeter，1912），前三种属于技术创新，后两种属于制度创新（盛洪，2003）。创新不仅仅在于产品、工艺的改进或技术上的变革等，而是一项发明或技术的首次应用（Mansfield & Utterback，1971）。Freeman（1982）进一步指出，创新是技术在经济上的实现，是新产品、新工艺（新过程）、新系统或经过改进的产品、设备、工艺（过程）、系统的首次利用和商业化。还有一些学者也持有类似观点，如 Tushman 和 Nadler（1996）认为，创新的关键在于能否真正为消费者创造新价值，创新包括两个基本部分：创意的产生及其商业化过程。王缉慈（2002）认为，创新不仅是创造出新事物，还要实现其市场价值。只有为社会带来价值的创新才是有意义的，即需要通过其商业化过程来衡量创新成果。从创新的过程来看，创新就是运用旧知识来产生新知识（Peter Drucker，1985），知识是创新的核心要素。可见，创新是一个过程，是一种手段或方法，创新的过程就是新知识产生的过程，并将新知识转化为新产品实现其市场价值的全过程。

从创新的主体来看，创新不单纯是某一个体或企业的行为，它是整个国家或者区域共同影响产生的（Porter，1990），即创新是一个包含在某种特定情境（区域、国家等层面）中的过程。创新超越了个人或企业的范畴，创新行为和组织架构、社会网络、资源禀赋等都有密切的联系。创新研究的关注点从传统企业层面转移到区域乃至国家层面。

产业集群作为一种介于企业与市场之间的组织形式，其创新既不同于企业，也不同于区域和国家。产业集群创新是由某一主导产业的若干企业、相关企业及辅助机构集中于一定的地域范围内，使人力资源、信息资源、大型设备等物质资源可以共享，并通过高度专业化的劳动分工与合作，实现生产要素和生产条件的重新组合，建立起费用更低但效率更高、效能更强的生产经营系统（傅家骥，1998）。同时，在产业集群主体交流、互动、合作等这样的交互作用过程中，知识不断地溢出、吸收、整合、转化、创新。因此，产业集群创新是一种交互的集体创新方式，是通过集体的智慧创新，集群主体间的密切联系是产业集群创新的关键。

产业集群创新不同于企业创新。与单个企业相比，产业集群更具有创新优势。从创新条件来看，单个企业利用的主要是本企业的资源，而集群主体间可以共享各种资源；从创新过程来看，单个企业是自身独立创新的过程，虽然也有与其他组织的合作，但仅仅是"一对多"的单向网络，而产业集群创新是一个集体交互作用的过程，是"多对多"的纵横交错的创新网络；从创新结果来看，一般而言，产业集群创新成果要远远大于独立企业的创新成果。产业集群创新体现出以下几方面的特点：

其一，从创新资源来看，集群企业更容易以较低的成本获得创新资源。集群中的企业常常能够更快地组织到完成创新所需要的资源，能够快速获得先进的技术、劳动力、机器、服务和市场情况等。Marshall（1890）认为，原材料的供给、专业的人才、运输的便利等是进行企业集聚创新的主要动力。产业集群有专业的劳动力市场，能够减少雇佣的搜寻和交易成本，更容易获得创新所需的核心资源——人力资源；集群从当地获得资源能降低成本和风险，集群企业有相对固定的供应商、客户，长期合作所建立的信任关系，使集群企业所需创新物质资源的供应风险较小、速度更快，并且由于地理邻近，使供应商能够更方便地提供辅助性的或支持性的服务，比如安装和排除故障等；集群企业还享有更多的公共物品，如由政府或其他机构投资建设的专业设施或培训项目，如集群的信息和技术池以及品牌效应等。获取资源的便利性、多样性、节约性为集群企业开展创新活动提供了重要基础。

其二，从创新的来源看，集群企业比单独的竞争者通常有更好的了解市场的窗口。集群企业更容易获得关于市场的信息。因为复杂的顾客往往是集群的一部分，集群企业能够及时掌握顾客的需求和市场的变化，从中发现商机并快速满足顾客的需求，他们具备快速行动的能力和灵活性（Porter，1998）。另外，当地的供应商和合作者能够变得很紧密而参与到创新过程，因而能更好地满足顾客需求。随着全球化的深入发展，竞争越来越激烈，市场越来越复杂，仅凭单个企业自身的力量很难获得创新发展所需的全部资源，因而加入产业集群网络就成为企业获取市场信息、知识、技术等的重要途径。

其三，从创新环境来看，无论集群的硬环境还是软环境都更有利于集群主体开展创新活动。学习环境和创新绩效高度相关似乎已经达成共识（Damanpour，1991；Hurley & Hult，1998）。一方面，产业集群中有配套的基础设施和各类服务机构，这为集群主体的创新活动提供了生产性和服务性的支持。集群企业与服务机构间的多维邻近，使它们更容易建立信任，进而更好地协作。另一方面，集群环境不仅提供了更多面对面交流学习的机会，而且创造了耳濡目染的默会学习环境，集群的外部性使得知识和技术溢出成为可能，集体学习的氛围以及"创新的空气"更有利于创新，这些都是远距离竞争对手难以企及的事情。

其四，从创新过程来看，集群中的企业之间既有合作又有竞争，合作与竞争都可以促进集群创新。创新不是孤立的事件，而是趋于集群或者成簇地发生（Schumpeter，1912），合作比企业单打独斗更有利于创新。地理邻近、认知邻近、制度邻近等多维邻近为集群企业之间进行合作创新提供了更多的便利和可能。创新的另一种力量来自于压力。正如波特所言：没有竞争，集群将会失败。产业集群内企业众多，它们的生产条件基本相同，这使同类企业间持续地比较和竞争，特别是与它们的竞争对手进行比较，彼此受到其他企业很大的竞争压力和挑战。但在当地看起来要成为优秀、通过创新在竞争中获胜的那种信念和渴望，使集群中的企业将压力化为动力，努力超越彼此，形成一种争先创新的局面（Bathelt，Malmberg & Maskell，2004）。激烈的竞争为集群企业的创新和产品差异化提供了强大的激励。这种协同竞争能够使产品成本下降、质量提高，促使集群企业创新速度加快、创新成果增加。

产业集群在具有创新优势的同时，也存在一些制约创新的因素：一是拥挤效应，当集群中进入过多的企业或机构而远远超过集群所能承载的最大负荷时，各种资源变得短缺，生产要素价格上升，特别是一些供给弹性小的生产要素（Porter，1998），比如土地、厂房等，造成产品成本增加，竞争力下降，创新力不足等问题，并进一步导致恶性竞争，如故意压低价格等现象。二是知识溢出也会抑制集群企业创新的积极性。由于集群的外部性，使得知识和技术溢出不可避免，一项新技术出现后，很可能被迅速模仿。知识溢出使创新成为公共产品，使创新的收益发生外溢（Romer，1994）。当其他企业模仿成功后，导致原创企业创新获得的超额利润迅速减少，使创新所带来的收益甚微。这种"搭便车"现象，会抑制原创企业持续创新的动力，从而造成整个集群的一种封闭、保守、消极的状态。同时，由于过多的模仿使集群企业产品类同，缺乏创新能力的企业则偷工减料、降低产品质量，从而造成产品以次充好的"柠檬市场"现象。这些负效应可以通过制定一些正式制度或非正式契约加以规避。

3.1.3 产业集群创新绩效

创新的最终目的是为消费者带来新价值，为社会创造新收益。产业集群创新可以通过产业集群的创新绩效来反映，但如何衡量集群创新绩效是一个争论较多的话题，现有研究对产业集群创新绩效还没有形成一致的看法。存在争议的主要原因是对"创新"概念的理解不同，对"绩效"的看法也不一致。上述对产业集群创新的阐述已经对创新的概念进行了梳理，这里仅对"绩效"的概念加以阐释，以便更好地理解产业集群创新绩效。"绩效"一词最初来源于企业管理，对这个概念的理解有四种不同的观点：一是绩效是行为和态度。这种观点强调工作过程和态度而不关心结果。比如，Campbell（1993）认为，绩效就是与组织目标相关的行为或活动，并不是行动的后果或结果，它就是行动本身。王黎莹（2006）认为，绩效就是人们所做的与组织目标相关的、可观测的、具有可评价要素的行为。这种观点主要是基于绩效的多因性，即工作结果不一定是员工的行为产生的，还可能是系统等其他因素导致的结果。二是绩效就是结果。这种观点只强调工作的结果而不考虑过程。Bernadin（1995）指出，工作结果是组织战略、资金投入、客户满意度的直接反映，能够体现工作绩效；廖泉文（2005）认为，绩效就是完成某项工作的结果；颜克益（2009）、李卫国和钟书华（2010）认为，集群的创新绩效就是最终取得的创新成果。三是绩效包括工作表现和工作结果。Brumbrach（1998）认为，工作结果固然可以直接评价绩效，但工作过程也很重要，有的工作行为虽然没有转化为结果，但也付出了智慧和精力，应该考虑员工的实际表现。如赵曼（2002）将绩效定义为，在一定的时间和空间条件下，完成某一任务所表现出的工作行为和结果。四是绩效包括条件、过程、结果。国内学者郭淑芬（2015）提出的"全过程"的绩效观点认为，创新绩效应该从创新条件、创新过程、创新结果全面考察。究竟如何衡量绩效应该根据研究的对象、研究的问题等来确定。有些工作的成果很难量化，比如服务类岗位或行业，采用工作行为指标对其绩效进行评估是可行的。而对于工作成果容易衡量的工作来说，比如生产制造类岗位或行业采用结果类指标比较合理。

本书主要是对产业集群创新条件和结果的关系进行研究，即创新的条件通过怎样的过程（或行为）影响创新结果，是将创新的条件、过程、结果分别作为不同的要素来分析。因此，衡量产业集群创新绩效时不宜同时考虑条件、过程（或行为）和结果。本书的产业集群创新绩效指产业集群在一定的时间和空间内，通过集群主体间的竞争和协作以及与外部的联系和合作，有效整合各种资源，最终形成的创新成果。关于产业集群创新绩效的测度在5.2.3中阐述。

3.2 产业集群多维邻近辨析

Proximity，英文解释为 nearness in place，time，ralation 等，即"邻近"是指位置、时间和关系等的接近。广义的邻近就指事物之间的接近或相似。"距离"与"邻近"是度量事物之间接近或相似程度的两种不同方法，邻近程度高即表示二者间的距离短，常用"邻近"表示；邻近程度低，即表示二者间的距离大，常用"距离"表示。这两个概念在本研究中没有质的差异，因为集群中各主体间的距离较短，因此，用邻近更为贴切。

3.2.1 现有关于多维邻近的不同理解

现有文献中出现的邻近概念很多，如地理邻近、组织邻近、社会邻近、认知邻近、制度邻近、文化邻近、关系邻近、人际邻近、技术邻近、空间邻近、物理邻近和临时邻近等。邻近的多维性显而易见，但并没有形成统一而清晰的多维邻近分析框架。通过对已有各种邻近概念的梳理（见表3-1），可以看出不同学者对同一种邻近的理解不同，不同邻近之间又有交叉或重叠，各种邻近的界定和划分模糊而不确定。

表3-1 现有文献中各种邻近的不同定义

不同邻近	作者	年份	定义
地理邻近	Torre & Gilly	1999	地理邻近不仅指物理或自然距离,还指使用运输工具或信息技术工具而改变的接近所需的时间
	Alain Rallet &André Torre	2005	地理邻近是指将两个主体在地理空间分开的公里距离
	Ejermo & Karlsson	2006	地理邻近指两地的交通或运输时间
	Alain Rallet	2015	区分了空间邻近(公司间的空间距离)、感知邻近(公司自己评估的距离)、有效邻近(促进交换的空间邻近)的概念
组织邻近	Burmeister & Colletis-Wahl	1997	组织邻近是由地理和循环规模组成的复合维度,循环规模是指商品和信息快速、可靠、适应性强的循环,以及外部资源的有效调动
	Kirat & Lung	1999	组织邻近是指组织内或组织间通过经济或财政所联结的相互依赖
	Schamp	2004	组织邻近是多工厂公司的员工之间由于属于同一个公司和他们对公司特定惯例的了解而被认为彼此是等同的
	Torre & Rallet	2005	组织邻近是通过显性或隐性的行为规则和惯例促进主体间的相互作用,具有相同的表现和信仰体系。可分为两个层面:结构层面(主体间结构相同或者是否属于相同的网络)和二元层面(组织情境的相似性,即相同的参照空间和分享相同的知识)
	Boschma	2005	组织邻近是指组织内或组织间享有同一组织安排关系的程度
	Asbjorn Karlsen & Marte Nordhus	2011	组织邻近是指组织间在经济上或财政上的相互依赖
	Emanuela Marrocu	2012	组织邻近指属于同一群体或组织内的关系,会影响个体从不同机构获取新知识的能力
	Wei Hong & Yu-Sung Su	2013	组织邻近是用来测量两个组织在多大程度上享有相同的组织规则,从低端市场上的市场关系到高端组织内部层级控制
	Prescott,Chen-Dong Lin,Samia Chreim & Ajax Persaud	2014	组织邻近包括文化和结构上的接近。文化邻近包括语言、既定的惯例和规则以及个体与群体之间的相互作用。结构邻近涉及企业如何在宏观层面上的相互作用,如系统、层次结构和权力

续表

不同邻近	作者	年份	定义
文化邻近	Gertler	1995	文化邻近是指国家或地区之间的文化差异，认为在同一国家或地区的组织具有相同的文化
	Wilkof	1995	文化邻近是指合作主体间组织文化的差异，主要从关系水平进行测量
制度邻近	North	1991	制度邻近是人为设计的政治、社会以及经济相互作用的约束条件
	Zeller	2004	制度邻近是指国家之间或地区之间制度框架的相似性，如法律条件、劳动关系、商业行为、会计准则和培训系统
	王缉慈	2005	制度邻近用以描述制度环境对行为主体之间互动效果的影响、改变和制约
	Knoben & Oerlemans	2006	制度邻近可通过国家制度对组织规范和规则的影响来分析，组织间规范和规则的相似水平决定制度邻近的水平
	Wei Hong & Yu-Sung Su	2013	制度邻近可能是非正式的文化和习惯（如相同的语言），或者是法律和规则（如知识产权保护法律）
	李雪灵，万妮娜	2015	制度邻近既包含具有强制性、成文性规制的正式制度的邻近，也包含价值观、规范、信仰以及文化等方面的非正式制度的邻近
认知邻近	Nooteboom	1999	认知邻近是指主体间察觉、理解、解释和评估世界方式方面的相似性
	Wuyts	2005	认知邻近是主体在感知、解释、理解和评估世界方面的相似性
	Boschma	2005	认知邻近是指人们具有相同的知识基础和专业知识，能够相互学习
	Knoben & Oerlemans	2006	认知邻近是指那些属于同一"实践社区"的群体，即使地理距离较远也能有效地交流
技术邻近	Schamp	2004	技术邻近指主体间拥有技术知识的相似性
	Cassi & Plunket	2014	技术邻近指主体间分享相同的知识基础或技术
社会邻近	Granovetter	1985	社会邻近指具有社会植入关系的个体更有可能相互信任，并因此更方便地交换隐性知识
	Oerlemans & Meeus	2005	社会邻近指主体属于相同的关系空间
	Boschma	2005	社会邻近指微观层面的机构间具有社会植入关系，基于朋友关系、亲属关系和过去经历
	Balland, Boschma & Frenken	2015	社会邻近是两个机构内个人的熟悉程度

资料来源：作者根据相关文献整理。

关于邻近概念使用不一致的主要表现如下：①本质相同的邻近使用不同的名称。比如，地理邻近与物理邻近、空间邻近，社会邻近与关系邻近、人际邻近；②同一名称的邻近含义不同。比如，关于地理邻近的界定，有的学者认为地理邻近是主体间的绝对距离，有的则认为是主体的感知距离；③不同邻近概念之间有交叉或重叠。比如，文化邻近与制度邻近中非正式制度邻近的重合，按照"制度"和"文化"本身的含义来讲，文化属于制度的一部分。因此，文化邻近只是对制度邻近中非正式制度中部分内容的具体界定，二者之间有明显的交叉部分。再如，Boschma 指出的社会邻近即行为规范、当地文化、所属关系、风俗习惯等的相似，非常接近于制度邻近的概念。从组织邻近来看，各位学者关注的角度和侧重点不同，分别从组织生产角度（Burmeister & Colletis - Wahl，1997）、经济关系（Kirat & Lung，1999）、组织制度和规范（Schamp，2004；Torre & Rallet，2005）、组织关系（Boschma，2005；Emanuela Marrocu，2012）等角度进行界定。其中有些观点与其他邻近有重复和交叉，如从组织制度及规范角度的定义与制度邻近有交叉，从组织关系角度的定义与关系邻近有重叠。Boschma（2005）用组织邻近说明主体间的亲密程度，一方面指组织成员共享相同空间关系的程度，另一方面包含了成员共享参考资料和知识的程度。前者与地理邻近、社会邻近有交叉，后者与技术邻近也有重叠。而组织文化、组织氛围等方面的相似又属于制度邻近中的非正式制度邻近。Wuyts（2005）对于认知邻近的界定比 Boschma（2005）仅从技术知识方面的定义所包含的内容要丰富得多，而这些界定都涵盖了 Schamp（2004）对技术邻近的定义。

3.2.2 对多维邻近的重新认识

对多维邻近概念界定模糊或使用不一致的原因是多方面的，尽管存在由于研究主题或视角的不同而出现的差异，但主要在于划分的标准与层次不清。"邻近"这一概念的应用范围较为广泛,既可以用于个体、组织,也可以应用于区域、国家等,不同主体或不同层次对象的属性与特征不同,相应地,其邻近的概念和维度也不尽相同,应根据研究对象层次分析其邻近所包含的维度,进行明确的界定。

按照不同的标准,邻近可以划分为不同的维度。

按照空间关系划分,可分为空间邻近与非空间邻近。空间邻近是指主体间地理位置的接近程度,也即地理邻近、物理邻近。非空间邻近指除地理邻近之外的其他邻近,如制度邻近、认知邻近等。

按照时间关系划分,可分为长期邻近和临时邻近。长期邻近是指主体间的相对位置是固定的,在较长一段时期内它们的接近程度不随时间变化,主体间的邻近是稳定而连续的。临时邻近是指主体间不存在长期的邻近关系,主要是通过参观、访问、参会、约谈等形式实现暂时和短期的接近,这种邻近是短暂而间断的。

按照层次划分,可分为微观邻近、中观邻近、宏观邻近。微观邻近指个体之间或组织之间的邻近。中观邻近指城市之间、区域之间或产业集群等之间的邻近。宏观邻近指国家之间的邻近。

按照主体划分,可分为个体邻近、组织邻近、区域邻近、国家邻近。个体邻近指个体之间的接近或相似;组织邻近指组织之间的接近或相似;区域邻近指区域、地区或城市之间的接近或相似;国家邻近指国与国之间的接近或相似。

按照内容划分,可分为地理邻近、组织邻近、社会邻近、认知邻近、制度邻近、技术邻近等。

在实际研究中,应根据研究对象和研究问题,按照某一具体的标准进行划分。

3.2.3 多维邻近的特点

多维邻近概念本身的复杂性也是其概念难以界定的原因之一。认识多维邻近的性质与特点，对于进一步厘清多维邻近的概念具有重要意义。多维邻近具有以下几方面的特点：

3.2.3.1 动态性

除了区域或国家之间的地理邻近关系相对固定之外，其他主体或其他形式的邻近，都不是一成不变的，都会随着时间发生或大或小的变化。如合作双方的认知邻近程度，只要其中一方学习了新技术或新知识，二者间的认知邻近水平就会发生变化。

3.2.3.2 多维性

邻近是一个很宽泛的概念，从不同的角度按照不同的标准可以划分为多种不同的邻近。比如，既可以是个体之间的邻近，也可以是组织间的邻近；既可以是地理邻近，也可以是认知邻近；既可以是长期邻近，也可以是临时邻近。

3.2.3.3 综合性

主体间的多种邻近一般都不是单独发生作用的，两个或多个主体间的邻近效应，是各种邻近综合作用的结果，很难分离某种邻近的独立作用，分析多种邻近的协同作用更具有现实意义。

3.2.3.4 相对性

两个或多个主体间才存在邻近，单独一个主体的邻近性无从谈起，即总是一个主体相对于某一个或多个主体时,才具有邻近性可言。

3.2.3.5 情境性

情境性主要是指认知邻近的情境性,按照心理学理论及胜任素质理论,不同的个体在不同的情境中会有不同的行为或绩效表现,比如,在某些工作情境中思维特别活跃,显现出特别突出的认知水平,而在某些情境下,则可能相反。个体的认知水平和能力在不同的时空环境中,可能会有不同的表现。

3.2.4 产业集群多维邻近界定

在已有文献中,不同学者根据所研究问题的不同对邻近的维度进行了划分,但鲜有针对产业集群多维邻近做出明确的概念界定和维度划分。Torre 和 Gilly(1999)最早指出,应从地理邻近、组织邻近和制度邻近三个维度探讨经济主体间的相互作用。Boschma(2005)从地理邻近、组织邻近、制度邻近、认知邻近、社会邻近五个维度讨论个体或组织间的邻近与创新的关系。李琳(2014)从组织合作的角度出发,将邻近划分为地理邻近、组织邻近、认知邻近三个维度。弓志刚(2015)从区域层面将邻近划分为地理邻近、技术邻近、制度邻近、创新能力邻近四个维度。本书研究的是产业集群多维邻近对集群创新的作用机理问题,需要首先明确界定产业集群的多维邻近。产业集群是某一产业及相关产业在某一地理空间的集聚,很显然,集群主体间存在天然的地理邻近和认知邻近。一般来讲,制度理论聚焦于组织的相似性(魏江等,2016),从集群一元层面考虑组织邻近时,主要表现在组织所受的制度规范和约束,组织所属的空间关系以及组织氛围,文化与当地习惯,等等,这些都与产业集群的制度密切相关。可见,产业集群层面的组织邻近包含在制度邻近中。同时,借鉴上述不同学者关于邻近维度的划分,本研究认为产业集群的多维邻近主要表现在地理邻近、认知邻近、制度邻近三个维度（见图3-2），具体界定如下：

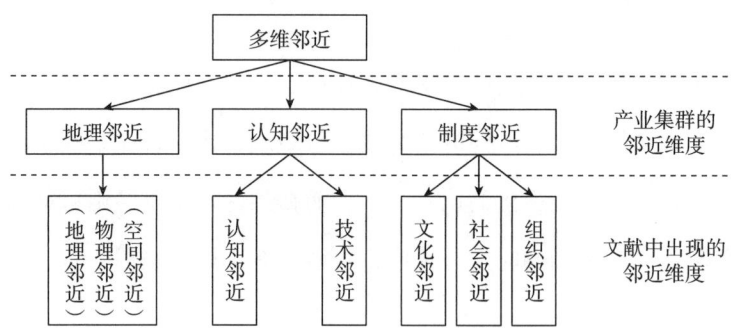

图3-2 产业集群多维邻近的维度构成

3.2.4.1 地理邻近

地理邻近，也叫空间邻近、物理邻近，指主体间地理位置的绝对距离，有一些学者认为还包括两地的交通或运输时间。Rallet（2015）进一步区分了空间邻近（公司间的空间距离）、感知邻近（公司自己评估的距离）、有效邻近（促进交换的空间邻近）的概念。可见，随着交通工具和信息技术的发展，对地理邻近的界定也在悄然发生变化，人们对于远近的概念也有了不同的认识，从客观的空间距离到主观的感知距离，从绝对距离到相对距离的界定变化，以前认为很远的空间距离，在现代交通发达的情况下，也并不遥远了。

虽然不同学者对地理邻近的界定不尽相同，但基本都是指不同主体间各种要素（物质、信息、知识等）运输或传播所需的空间距离。本书所研究的地理邻近是指集群内各主体所处空间位置的接近程度，可以通过集群主体的密集程度反映。

3.2.4.2 认知邻近

对认知邻近的界定要明确两点：一是什么是认知，二是哪些因素影响认知。Nooteboom（1999）、Wuyts（2005）认为，认知邻近是主体在感知、解释、理解和评估世界方面的相似性。Boschma（2005）指出，认知邻近是人们具有相同的知识基础和专业知识，能够相互学习。Knoben 和 Oerlemans（2006）则认为，认知邻近是指那些属于同一"实践社区"的群体，即使地理距离较远也能有效地交流。借鉴这些学者对认知邻近的定义，本研究认为，认知邻近是主体间认知水平的接近程度，适度的认知邻近是主体有效交流和相互学习的前提。影响认知邻近的内在因素很多，包括主体的经验、学识、技术等多种因素。认知邻近既需要具备相似的基础知识，也需要拥有相近的专业技术知识，前者保证主体间具备相似的基本认知能力，后者则强调专业背景方面的相近。产业集群层面的认知邻近是指，集群内主体间认知的相似性。产业集群是相同或相关产业的集聚，使得集群存在天然的技术邻近，集群内从业人员的素质在很大程度上决定了集群的认知邻近水平。

3.2.4.3 制度邻近

制度包括正式制度（如法律、政策、规范等）和非正式制度（如文化、习惯、信仰、道德等）。产业集群的制度邻近是指集群主体间交互学习的共同规则，即相近的法律、法规、政策、组织管理规则、组织结构等正式制度以及相似的文化、习惯、语言、信仰等非正式制度。制度邻近会影响集群主体间协调的方式（Kirat & Lung, 1999），对于集体行为像胶水一样发挥作用，为集群主体相互作用提供稳定的环境（Asbjørn Karlsen & Marte Nordhus, 2011）。相同的政策法律、相似的组织管理模式能够降低交易成本，增进集群主体间的互信和合作，规范和约束某些集群企业的不当行为，而且可能促进知识转移。相似的社会背景和价值取向有利于人们之间的非正式交流。集群企业在地理上的邻近为企业提供了相似的社会人文环境,这不仅有利于企业间的交往,而且降低了它们维持关系的成本(Lazarsfeld & Merton, 1954)。Storper (1996) 指出,产业集群作为累积学习、集体行动以及解决问题的有效组织形式,主要原因在于有共同的目标、态度、通用的规则和习俗等非交易依赖关系的存在。

3.3 邻近势能概念的提出

3.3.1 邻近势能的概念

"势能"是物理学中的概念,是指在一定的场域中,由物体的相对位置所决定的能。例如,在重力场中,物体由于被举高而具有重力势能;在电场中,处于电场中某一位置的带电体具有电势能;在弹簧中,弹簧由于被压缩或拉伸(发生弹性形变)而具有弹性势能。最早将势能理论应用于社会学领域的是英国学者Ravenstain (1880),之后一些学者将其运用到经济学、管理学。例如,在某一特定的区域内,由于政策倾向于不同的地点所形成的政策势能,是影响人才引进和经济活动的重要因素(屠俊勇和成伟光,1994);企业积聚各种资源进行合理组织及优化后所形成的势能称为企业位势(蔡酉阳,2008);由于关系资源的不同而形成的关系势能(曹霞和宋琪,2016);由于组织间知识存量的不同而形成知识势能,组织间的知识溢出、流动与知识势能密切相关(杜静和魏江,2004;杨皎平,2016)。

本书借用"势能"这一概念到产业集群。产业集群作为创新的重要载体,

第3章 多维邻近对产业集群创新协同作用的理论框架

通过资源的有效配置、组织间的相互作用能够产生巨大的创新能量。产业集群网络为集群企业的技术创新提供了一个知识密集并且易于溢出与共享的知识平台（吉敏，2013）。产业集群是集群主体发生作用的平台，通过相互交流学习形成一种创新氛围，集群主体频繁互动进行知识转移、知识积累和知识创造，并不断地吸收集群外部的知识而动态发展。因此，可以将产业集群视为一个"创新场"。

"邻近"实际指的是主体间的"相对位置"，"多维邻近"即主体间多个维度的"相对位置"，在产业集群这样一个"创新场"中，由集群主体间的"相对位置"所决定的能称为邻近势能。正是由于多维邻近的水平、结构等不同，产业集群的邻近势能不同，因而集群的创新表现不同。由于产业集群的邻近主要体现为地理邻近、认知邻近、制度邻近，所以邻近势能又相应地有地理邻近势能、认知邻近势能、制度邻近势能，产业集群的邻近势能是这三种势能的总和。地理邻近势能是由集群主体间相对地理位置所形成的能；认知邻近势能是由集群主体间认知水平不同而形成的能；制度邻近势能是由集群主体间各种制度的相似性而形成的能。

$$E_P = \sum_{i=1}^{n} e_i \qquad (3-1)$$

式中，E_P 是邻近势能，e_i 是各种不同的邻近势能。

$$e_i = \begin{cases} K \dfrac{MM'}{R_i}, & R_i \geq R_{i0} \\ -K \dfrac{MM'}{R_i}, & 0 < R_i < R_{i0} \end{cases} \qquad (3-2)$$

式中，K 是常数，是集群的"场强"，M 和 M' 分别是两个主体自身的综合"质量"（由企业规模、创新能力等决定），R_i 是两个主体间的"距离"，即地理邻近、认知邻近、制度邻近水平，R_{i0} 是邻近势能最大时两个主体间的邻近水平。

在本研究中，有三种邻近势能，则 $n=3$，分别命名地理邻近势能为 E_G，认知邻近势能为 E_C，制度邻近势能为 E_I，则 $E_P = E_G + E_C + E_I$。各个维度的邻近势能分别随着地理邻近 R_G、认知邻近 R_C、制度邻近 R_I 的程度变化，而这些邻近是由不同因素决定的函数：

$R_G = f_G(A, F)$，地理邻近是产业集群所占面积 A、集群企业数 F 的函数；

$R_C = f_C(K, T)$，认知邻近是知识水平 K、技术水平 T 的函数；

$R_I = f_I(P, R, C)$，制度邻近是各种政策 P、规章制度 R、文化习惯 C 的函数。

3.3.2 邻近势能的性质

邻近势能既有相似于重力势能、弹性势能的特点，又有不同于这些势能的自身的特性。

其一，邻近势能是个相对量，总是相对于某个参照系而言的。在讨论势能时，要选取零势能位置。在电场中研究电势能时，通常规定电荷在无限远处的电势能为零。类似于电场，在产业集群这个"创新场"中研究邻近势能，规定企业处于离集群无限远处时的邻近势能为零。

其二，邻近势能是个状态量。同一企业处于产业集群中的不同位置，邻近势能不同。邻近势能的大小由三个要素决定：一是主体自身的综合"质量"；二是邻近的程度，即集群主体间的地理距离、认知距离、制度距离；三是产业集群这个创新场的"场强"，即产业集群的创新氛围。

其三，邻近势能既可能是正值，也可能是负值。现有研究认为，过多或过少的邻近都不利于创新（Boschma，2005），过多的邻近可能会产生锁定效应而不利于创新；过少的邻近不利于相互交流与知识溢出，也不利于创新。只有适当的邻近，对创新才是最有利的。基于此，假设集群中任意两个主体相距某一距离 R_0 时的邻近势能最大，这一距离就是最优距离。当主体间的距离 $0 < R < R_0$ 时，邻近势能为负；$R > R_0$ 时，邻近势能为正，并且距离越近，邻近势能越大。

3.4 多维邻近对产业集群创新协同作用框架构建

集群主体间存在地理邻近、认知邻近、制度邻近,它们在这些方面的相对"位置"使产业集群中形成了潜在的邻近势能,但邻近势能并不会自然转化为创新绩效。很多学者(Von Hippel,1988;Lundvall,1992;Brown 和 Eisenhardt,1995;Szulanski,1996)都强调创新过程中相互作用的特点。产业集群是通过主体间的互动,特别是知识的互动来实现创新的(王缉慈,2011)。只有通过集群主体之间的相互作用,邻近势能才能转化为创新动能。而创新动能的增加提高了主体的创新能力和创新速度,进而促进产业集群创新。当然,产业集群的创新动能并不仅仅来自于内部,产业集群作为开放的创新系统,在与外部联系的过程中也伴随着能量的吸收或交换。多维邻近对产业集群创新协同作用分析框架见图 3-3。

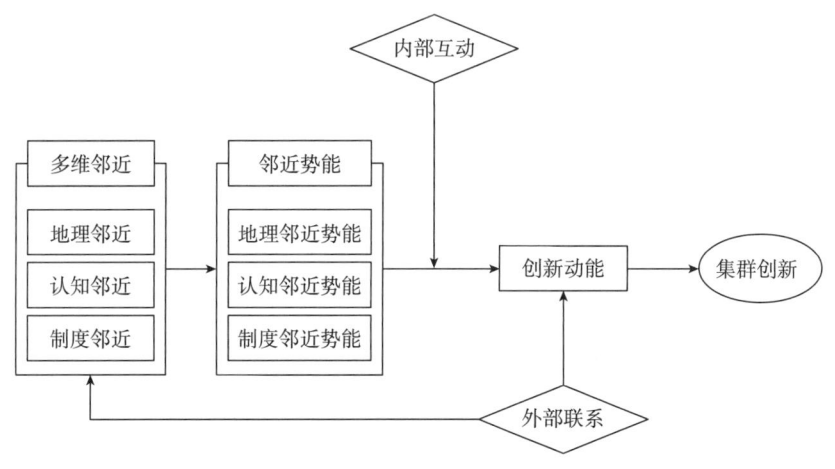

图 3-3 多维邻近对产业集群创新协同作用分析框架

3.4.1 多维邻近形成邻近势能

产业集群的邻近势能除了与集群主体自身的"质量"有关外,主要还由主体间的相对位置或距离(包括地理邻近、认知邻近和制度邻近)所决定。邻近势能不仅随着单一邻近水平的变化而变化,而且各种邻近的不同组合所产生的邻近势能也不同。随着产业集群的不断演化发展,集群主体间的各种邻近关系在不断地变化,各种邻近势能的大小也不同。在产业集群发展的不同阶段,各种邻近如何变化,各种邻近势能如何变化,哪一种或哪几种邻近对产业集群创新起主导作用,这将在第5章进行研究。

3.4.2 邻近势能转化为创新动能

产业集群的邻近势能是一种潜在的能量,只有在一定的触发因素作用下,邻近势能才能转化为创新动能。就像被放置在高处的物体,具有一定的重力势能,但如果不撤掉支持物或给它一个初速度,它的势能就不会转化为动能。邻近势能能否转化为创新动能主要取决于集群主体间的互动。产业集群主体间的互动、信任与沟通交流是创新网络形成和知识转移过程中的重要影响因素(Ramasamy,2006)。通过相互之间的互动作用而吸收或释放能量,邻近势能与创新动能进行相互转化。多维邻近协同促进产业集群创新的路径与机制将在第4章展开论述。

在不考虑外界因素作用的情况下,产业集群系统内部遵循能量守恒定律,即邻近势能与创新动能可以相互转化,且总能量保持不变。但这只是一种极端的情况。产业集群是一个开放的系统,不可能不受外界因素的影响,产业集群要不断地与外界发生能量交换,在与外界发生作用的过程中,外界对产业集群做多少"功",产业集群的能量就增加多少。

从长期来看，产业集群就像是一个电磁场，不断变化的磁场产生电场，不断变化的电场又产生磁场，如此反复，就形成了电磁波向外发射。随着产业集群规模的扩大，企业或研发组织等行为主体增多，邻近势差减小，产业集群的邻近势能增大，集群主体间的联系加强，各种物质、信息、知识等资源频繁流动，邻近势能转化为创新动能，促进产业集群创新能力提高。创新的"场强"很强，产生很强的"波"，当外部企业的"频率"与产业集群所发出"波"的频率接近时，发生耦合，就会吸引新的企业和人才加入，为产业集群注入新鲜血液，进一步提高产业集群的创新能力，如此循环往复，促进产业集群的螺旋式上升和持续发展。

3.4.3 创新动能转化为创新绩效

根据物理学中动能的表达式 $E_K = \frac{1}{2}mv^2$，产业集群中创新动能的增加，意味着集群整体"质量"的增加，即综合创新能力的提升，以及创新速度的提高。在一定的时期内，产业集群将会开发和生产更多的新产品，新产品的数量和质量不断提升，使得产业集群创新绩效持续增加。集群主体间适度的邻近是保持产业集群创新动能长盛不衰的根源。而形成更多的创新动能需要地理邻近、认知邻近、制度邻近的协同配合，产业集群内部的邻近势能和创新动能的大小在很大程度上由地理邻近和认知邻近决定，而邻近势能能否转化为创新动能，创新动能能否转化为创新绩效，或者说转化的多少，在一定程度上取决于制度邻近。

产业集群的创新动能不仅来源于内部，还可以来源于外部。产业集群的开放性和寻求外部市场的活动是产业集群成功的关键（Bresnahan，Gambardella & Saxenian，2001）。而通过外部联系获取知识对创新绩效的提高具有重要作用（Chen，2009）。产业集群网络中的节点不仅与内部的主体进行频繁的联系和相互交流学习，同时还要与产业集群外部的企业或机构进行联系或合作，搜寻新的合作对象，拓展创新空间，获得新鲜的知识、技术和其他资源。当地的知识以某种方式与外部知识相结合时，可以创造新的价值（Bathelt，Malmberg Maskell，2004）。另外，通过与外部的联系，增加了产业集群合作伙伴的多样性，改善了集群主体间认知邻近水平，邻近势能增加，创新动能相应增加，形成良性的循环，不断促进集群创新。可见，产业集群在加强内部联系的同时，必须保持足够的开放，不断与外部进行联系，以吸收关于市场趋势、新技术、新知识等重要信息，才能使产业集群长期焕发成长的活力。

3.5 本章小结

本章在梳理、辨析、界定产业集群、产业集群创新等基本概念的基础上，针对产业集群情境下集群主体间多维邻近的维度进行了划分，并明确界定了三种邻近的概念。产业集群主体间的多维邻近主要表现为地理邻近、认知邻近、制度邻近三个维度，地理邻近是集群主体在地理位置上的接近程度；认知邻近是集群主体在知识基础、专业背景、经验、技术等方面的相似程度；制度邻近是指集群主体间交互作用的所有共同规则，包括相近的法律、法规、政策、组织管理规则、组织结构等正式制度，以及相似的文化、习惯、语言、信仰等非正式制度。其次，提出了邻近势能的概念，并对其性质进行了阐释。最后，构建了多维邻近对产业集群创新协同作用的理论框架，基本观点是产业集群主体间的多维邻近关系形成了邻近势能，在它们的相互作用过程中邻近势能转化为创新动能，创新动能通过提高集群的创新能力和创新速度而促进产业集群创新。

第4章
多维邻近对产业集群创新的
协同作用路径与机制

邻近对产业集群创新的影响不仅仅是单一的地理邻近，还包括制度邻近、认知邻近多个维度，而且各种邻近是综合作用的，这一点越来越得到学术界的认可。Roberto Basile 等（2012）认为，单纯的地理邻近并不能解释经济互动的所有差异，不能解释学习的过程和情境。Breschi 和 Lissoni（2001）、Boschma（2005）和 Capello（2007，2009a，2009b）等学者指出，地理上的邻近对于解释知识溢出的机制来说并不是唯一的维度。其他形式的邻近必须作为地理邻近的补充，只有通过扩大邻近的概念，才可以对知识扩散有更好的理解。可见，有必要将各种邻近联系起来探究它们的联合作用机理。但多维邻近即地理邻近、认知邻近、制度邻近如何相互协同配合作用于产业集群创新？这些邻近又通过哪些路径影响产业集群创新？关于这些问题尚缺乏系统深入的研究。本章采用案例研究方法，通过对多个产业集群的实际调查、深入访谈，打开多维邻近对产业集群创新协同作用的过程黑箱，探寻上述问题的答案。

4.1 研究方法与案例选取

4.1.1 研究方法

当已有文献不能够解释所要研究的问题，需要从实践中总结、归纳出理论框架和概念模型时，往往需要采取定性的理论建构策略（许晖等，2011），而案例研究方法基于对研究对象的深入了解，透过现象看本质，挖掘、发现、构建理论，特别适用于新的、现有研究不充分的领域或现有理论存在缺陷、缺口的问题。而且，案例研究方法适合于过程和机理类问题的研究（Eisenhardt，1989；吴晓波等，2010），适用于构建过程模型特别适用于探索和回答"如何""为什么"的问题（Lee，1989），有助于揭示组织的整体性、动态性、辩证性（Li，2007；Li & Kozhikode，2008）。案例研究有单案例、多案例等多种方法，多案例研究与单案例研究相比具有特别的优势，主要在于通过多案例研究所构建的理论更为精确、更为简约、更具有普适性（毛基业和陈诚，2017），能够提高研究的外部效度（Yin，2013），获得更为一般化的、可验证的理论命题（郑伯埙和黄敏萍，2012）。本研究探讨的是产业集群创新过程中多维邻近的协同作用机制，鉴于目前这方面研究的缺乏，采用多案例研究来分析其影响过程具有较好的适用性。

4.1.2 案例选取及背景介绍

本书选取国家火炬计划软件产业基地中的五个产业园为案例研究对象，它们分别是：北京软件产业基地、深圳软件园、无锡软件园、西安软件园和山西软件园（见表4-1）。选取这几个软件园主要基于以下几方面的原因：

表4-1 案例简介

园区名称	认定时间（年）	入园企业数（家）	从业人员（万人）	综合排名	创新能力排名	发展概况
北京软件产业基地	1998	3751	58.2	1	6	国内规模最大的软件园，依托产业联盟，加强集群企业间的合作，不断促进集群自主创新。2014年软件著作权登记量达到48650件，占全国登记总量的22.2%，连续8年居全国首位，科技创新及成果转化活动活跃，基地发展日趋成熟
西安软件园	1999	1620	14.7	6	5	园区形成了以IBM、SAP、富士通、艾默生等为代表的，以软件开发外包、金融后台服务、数据处理与分析、电子商务为主的信息技术服务企业集群，年营业收入近百亿元，创造出口达6亿多美元，产业聚集效应十分显著
深圳软件园	2001	967	22.4	2	1	在人才、技术、金融、市场与品牌拓展、产业空间等五项核心服务上实施"平台化、网络化、国际化、品牌化"外向型发展战略，与全国20多家高校和科研院所合作，探索软件人才培训、校企合作的新模式。2014年拥有软件著作权登记数15868件，软件发明专利数12276件，自主创新能力不断增强
无锡软件园	2004	1498	16.0	4	2	园区以投融资、教育培训、人力资源、公共技术、知识产权、综合服务等六大公共平台为支撑，以产业服务联盟和金牛计划企业联盟为两翼，提供完善的服务和系统解决方案。目前形成以软件及服务外包、物联网与云计算、文化创意等特色产业集群的快速发展态势
山西软件园	2009	398	1.1	—		成立10年来，逐步形成了物联网、信息安全、大数据、文化创意四大产业集群。信息技术类行业协会等服务机构顺势而生。软件园规模不断壮大，集群企业间的联系和分工协作日益密切，初步形成产业链，创新氛围及创新能力不断提升

资料来源：《国家火炬计划软件产业基地研究发展报告2015》。

从行业特点来考虑，一是软件产业的高技术特征。软件产业属于高技术产业，是知识和技术密集型产业，具有低能耗、低污染、高技术、高附加值等特点。相比于传统产业集群，高新技术产业集群的竞争力取决于产品的技术含量，对知识交流和技术创新的依赖性更强（曹休宁，2015），多维邻近与知识溢出、与产业集群创新的关系更为明显和重要，能够更好地凸显本书研究的主题。二是软件产业的高合作性。软件技术更新换代的速度很快，软件产业需要持续、快速地进行创新，这有赖于企业间知识、技术的深入交流才更容易实现。这也使得相关企业合作的可能性更大，而软件产业集群是相关主体发生联系或合作的重要载体。从区域分布来考虑，这几个产业园分别分布于中国的不同地区，具有一定的代表性；从创新情况来看，除了山西软件园成立时间较晚，尚处于初步发展阶段，其余四个园区的综合发展水平、创新能力都排在前十名，能够更明显地反映邻近与创新的关系；从获取资料的便利性考虑，这几个园区通过朋友、亲戚、熟人介绍能够取得联系，更便于深入调查获取一手资料。

北京软件产业基地是国内规模最大的软件园，2014年底，基地共有企业3751家，就业人数达到58.2万人，产业技术联盟20多家。基地紧跟国际信息技术发展趋势，依托产业联盟，加强集群企业间的合作，不断促进企业集群自主创新，如积极推进企业参与第五代移动通信技术（5G）国际标准的制定，前瞻布局可见光通信、仿生计算等前沿技术发展等。2014年北京软件产业基地软件著作权登记量达到48650件，占全国登记总量的22.2%，连续8年居全国首位，科技创新及成果转化活动活跃，基地发展趋于成熟。

西安软件园是全国四个拥有"国家软件产业基地、国家软件出口基地"双基地称号的园区之一，园区聚集有世界500强企业24家，IAOP全球服务外包百强企业10家，中国软件百强企业11家，形成了以IBM、SAP、富士通、NEC、NTTData、艾默生、博通国际等为代表的，以软件开发外包、金融后台服务、数据处理与分析、电子商务为主的信息技术服务企业集群，年营业收入近百亿元，创造出口达 6 亿多美元，产业聚集效应十分显著。

深圳软件园在人才、技术、金融、市场与品牌拓展、产业空间等五项核心服务上实施"平台化、网络化、国际化、品牌化"外向型发展战略，自主创新能力不断增强。2014 年基地拥有软件著作权登记数 15868 件，软件发明专利数 12276 件，创新能力在所有软件园中排名第一，综合排名第二。软件园与全国 20 多家高校和科研院所签订合作，积极深化产教融合，探索软件人才培训、校企合作的新模式。在原有"龙岗分园"和"互联网产业园"的发展较为成熟的基础上，2014 年深圳软件园成立"深圳软件园龙华分园"，推进深圳高新技术产业的市区转移，为龙华新区转型升级服务。

无锡软件园作为无锡市推进经济社会转型发展的最重要载体与最前沿阵地，已聚集微软、索尼、NTT DATA、联想、文思海辉、中软国际等世界 500 强、全球服务外包 100 强企业在内的创新企业 1498 家，聚集各类人才 159940 人。园区以投资融资、教育培训、人力资源、公共技术、知识产权、综合服务等六大公共平台为支撑，以产业服务联盟和金牛计划企业联盟为两翼，提供完善的服务和系统解决方案。园区培训平台联合国内外知名 IT 培训机构，年均培训万人。面向园区企业提供包括 SaaS、PaaS 和 IaaS 在内的全方位云计算孵化平台服务。知识产权平台提供包括中国、美国、日本、英国、德国、世界知识产权组织和欧洲专利局在内的专利文献的检索等全方位服务。目前形成以软件及服务外包、物联网与云计算、文化创意为三大特色产业集群的快速发展态势。

山西软件园于 2007 年 11 月成立，2009 年 1 月经国家科技部认定为国家火炬计划软件产业基地。经过近几年的发展，软件园规模不断壮大。形成了以罗克佳华、通威消防、亚泰电子、理工天成等一大批物联网骨干企业为代表的物联网产业集群；以众人科技、中网信息为龙头的信息安全产业集群；以浪潮集团、太原吉贝克为龙头的大数据产业集群；以清华同方知网、天脉聚源等为龙头的文化创意产业初具规模。在产业聚集基础上，信息技术类行业协会等服务机构顺势而生,在人才引进、培训、交流平台,信息共享、业务交流、产品推广平台、资源共享、政策研讨等方面为相关企业提供帮助。在促进基地内企业密切联系和分工协作上,着力打造密切互动的产业链,全力营造创新环境,提升园区创新能力。

4.2 数据收集与处理

4.2.1 数据收集

案例研究的数据主要指关于研究对象的质性资料。本研究通过实地调查访谈、内部资料、官方网站、公开出版物、网络媒体报道等多种途径搜集资料。数据来源的多渠道,一方面保障了数据的充分性和全面性,另一方面不同渠道、不同层次收集的资料能够相互补充和交叉验证,提高数据的准确性(Yin,2013),为研究主题提供更丰富、更可靠的解释,增强研究结果的信度和效度。

第一,调查访谈。本研究采用半结构化访谈方法展开调查。访谈之前设计了访谈提纲,以行为描述性问题为主,请被访谈者讲解具体的事例。根据访谈情况及时调整问题。

访谈对象的确定:访谈对象包括各软件产业园(或基地)管理者7人、企业的高层管理人员15人、员工6人,以前两类人员的访谈为主,员工访谈为辅。选定7名园区(或基地)管理者作为访谈对象,首先考虑的是具体负责园区(或基地)的管理工作、熟悉实际状况,其次是能够取得联系并有较充分的时间接受访谈;15名企业高层管理者作为访谈对象,主要是通过与园区(或基地)管理者沟通,说明访谈目的和问题后,请他们帮助联系确定的;对员工的访谈,主要是通过企业管理者引荐，个别是在园区休息区寻找，征得员工同意后进行随机访谈。

访谈的主要内容：通过园区或基地管理者的访谈，主要了解园区总体的发展状况、创新状况、所处的发展阶段、政策制定、公共平台和服务体系建设等情况；通过对园区内企业管理者的访谈，获取企业间的联系与合作情况、技术交流情况、入驻园区对企业创新的影响等；除了企业间正式的合作，考虑到企业员工之间的非正式交流也可能是影响集群技术改进、知识获取的途径之一。所以，对各园区企业的员工进行了访谈，主要了解多维邻近对个体之间的沟通交流、知识获取和技术改进的影响，包括他们参与论坛、沙龙等正式的集体活动和非正式的交流情况。在访谈之前，一般都进行电话预约，确定时间和地点，个别员工是随机访谈。访谈的方式以深度面对面访谈为主，有少数二次访谈是通过电话进行的。

第二，从科学技术部火炬高技术产业开发中心、各个软件园区管委会、集群内部获取的相关资料，包括各地软件园区工作总结、工作计划、发展报告等资料。

第三，通过中国知网、网络媒体报道及出版物等公开渠道获取的资料。对科学技术部火炬高技术产业开发中心官方网站、各个软件园区的门户网站、各类权威媒体的采访报道、新闻稿件等进行大范围搜索获得二手资料。

资料的收集工作不是一次性完成的，在建构理论过程中，为了使理论充分达到饱和，需要反复地收集和补充资料。所以，对有些访谈对象进行了二次访谈，并且继续通过网络、最新报道、微信公众号等补充案例对象的相关资料。

4.2.2 数据处理

本研究采用扎根理论分析方法，对通过案例研究挖掘到的质性数据进行分析，构建多维邻近对产业集群创新协同作用机制的理论框架。扎根理论分析方法是由 Glaser 和 Strauss（1967）首次提出的一种质性资料分析方法，这种方法不是从已有的理论中演绎可验证性的假设，而是通过对质性资料的细致分析构建理论（Kathy Charmaz，边国英，2009）。由于现有文献鲜有关于多维邻近对产业集群创新协同作用机制的研究，因此扎根理论分析方法适用于本问题的研究。

首先，分别对每个案例的一手访谈记录和二手资料进行汇总、整合，对来自不同渠道内容相同的资料进行删减、合并，初步形成较为完整的资料。在编码过程中，还要根据范畴是否能很好地构建故事线，继续补充资料，反复分析，直至从新收集的数据中没有另外的新发现时，才意味着类属饱和了。其次，采用扎根理论分析方法，按照开放式编码、主轴编码和选择性编码三级编码规范进行编码。

第一步，开放式编码。对原始数据进行逐句逐字的分析，从中提取能够代表这部分数据的概念，目的是挖掘数据以获得尽可能多的不同类别（陈晓萍，徐淑英，等等，2012）。通过贴标签、概念化、范畴化等步骤，共抽象出共享资源、项目合作、交流平台等21个副范畴。

第二步，主轴编码。在对各个副范畴之间的联系不断提问和识别的基础上，将它们联结在一起的过程（李志刚，2007）。比如，资源共享、信息获取、创新氛围都是由于集群的地理邻近所带来的创新优势，根据它们之间的逻辑关系将这几个副范畴整合为内部直接作用路径这一主范畴。

第三步，选择性编码。就是发现能够统领主范畴的核心范畴，将各个主范畴系统地联系起来。通过反复地分析资料和各个范畴之间的关系，发现可以从两个方面对主范畴进行联系更合理，最终提炼出两个主范畴：多维邻近对产业集群创新的协同作用路径和多维邻近对产业集群创新的协同作用机制。

4.3 研究发现

通过对案例资料的逐级编码发现，多维邻近通过多种不同的路径影响产业集群创新（见表4-2）。主要有直接作用路径、间接作用路径和外部作用路径。

表4-2 多维邻近对产业集群创新路径编码示例

典型资料举例	副范畴	主范畴	核心范畴
北京软件基地AS科技有限公司王经理："园区的软件技术支撑体系、软件产品质量检测中心、'三库四平台'帮了我们不少忙"	资源共享	直接作用	多维邻近对产业集群创新的作用路径
山西TMJY传媒科技有限公司郭经理："入驻园区不仅使运营成本降低，而且能及时获得国家相关政策等信息等，了解行业动态"	信息获取		
山西软件园发展中心周主任："大家抬头不见低头见，在这样的环境中相互之间或多或少都能从对方那里学到一些东西"	创新氛围		
无锡软件园WSHH信息公司马副经理："在园区内我们能很方便地购买到所需要的模具、零件等，供货商之间有竞争，但合作伙伴一般都是通过长时间的合作，比较了解和信任的"	产业链上合作	间接作用	
北京软件基地FZ科技公司CEO："我们和园区内一些大的公司也有合作，我们之间不是完全竞争关系，实际上我们是想能够站到巨人的肩膀上发展"	同类企业合作		
山西软件园管理中心卫主任："软件园成立了计算机协会论坛……这个平台很好，能及时解决一些技术难题，有时候还会产生新的想法"	交流平台		
西安软件园管委会发展中心副主任："随着……园区有一大批新丝路项目应运而生，如石文软件有限公司南线业务辐射东南亚，西线开发俄罗斯……市场，目前正与伊朗、阿根廷、加拿大等国家洽谈合作"	研发项目合作	外部作用	
深圳软件园管理中心徐主任："目前园区已与全国20多家高校和科研院所签订合作，包括人才培养、校企项目研发、创业投资等内容"	人才引进与合作培养		
深圳软件园管理中心主任："2014年，我们成功举办了中国国际软件人才·项目·投资交流大会高峰论坛，旨在加强园区与外部的交流与合作"	外部交流		

4.3.1 多维邻近对集群创新的直接作用路径

多维邻近不仅使集群主体能够共享资源，而且能以更便利、更低成本获得各种资源,直接降低了它们的创新成本。访谈中发现,每一个产业园都积极提供各种公用设施设备,这些设备可能对于任何一个企业来说都无力承担,但由产业园统一购买,企业只需要交很少的租金即可使用。无锡软件园管理中心朱主任说:"我们园区建设盘古平台,目的就是帮助中小企业以较低的成本、最快的速度进入 SaaS 时代,现在已经孵化出一批有潜力的中小企业。德立公司借助此平台,仅一个多月就成功开发一套管理系统,并改变了服务模式,大大节约了使用成本、管理成本等。"园区基本都设立了信息服务中心,非常及时地传达相关信息。很多企业管理者都提到这不仅大大节约了他们的时间成本,而且这些信息对于企业抓住和发现商机很重要。山西 TMJY 传媒科技有限公司郭经理就说:"从管理角度来看,统一的服务和管理,为我们节省了很多时间和精力,比如总是能够及时了解到国家的相关政策、行业动态、市场情况等。"大多数软件园还积极引进和培养人才,降低了园区企业的人才搜索成本和培训成本。

多维邻近还营造了一个集体学习和创新的氛围,为集群企业之间或员工之间的相互交流和学习创造了条件。地理邻近不仅为他们提供了观察和模仿学习的机会,而且便于面对面地深度沟通和交流。由于所从事的行业相近,认知邻近使他们交流起来更顺畅,更易于相互理解和吸收。北京软件产业基地 AS 科技公司员工就深有感触:"都是一个圈内的,非常方便技术上的交流,有时碰到一些自己难以解决的问题,在午餐时跟园区内的伙伴们聊一聊,也许就豁然开朗了。"加之他们处于相同的环境中,具有相同的规章制度,相似的社会心理、风俗习惯、文化观念等,使得相互之间比较信任,增强了沟通意愿,即制度邻近减少了沟通中的障碍,降低了风险。

集群主体之间耳濡目染的观察学习以及正式或非正式的联系,都促进了显性或隐性知识溢出与流动,进而加速了创新。在访谈中了解到,各个园区都有很多的论坛、协会、活动等,会定期或不定期开展一些沙龙活动、组建各类兴趣组圈,类似的社区、论坛等"联结装置"。通过这些活动,给企业或员工面对面的交流创造了机会。山西软件园闫主任:"人是群居动物,本身喜欢在一起,更何况这些企业聚集在一起,比他们之间单独发展有利,大家抬头不见低头见,在这样的环境中相互之间或多或少都能从对方那里学到一些东西,进步更快。"卫主任则兴奋地说:"去年我们成立了计算机协会论坛,在这里不管是领导还是一般员工,大家都地位平等,直呼其名,畅所欲言,气氛很热烈,关键是能及时解决一些工作中的实际问题,大家反应很好。"频繁的互动不仅有利于集群主体间知识的流动和扩散、相互学习,而且有助于激发创新。多维邻近对产业集群创新的直接作用路径见图4-1。

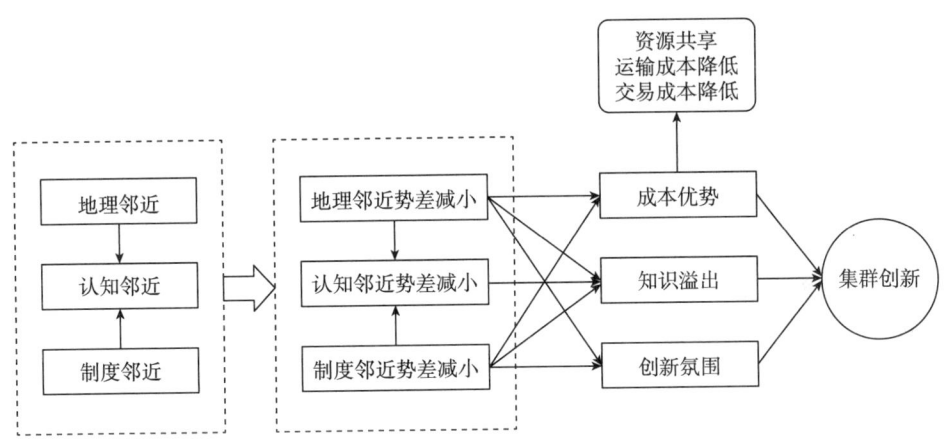

图4-1 多维邻近对集群创新的直接作用路径

4.3.2 多维邻近对集群创新的间接作用路径

地理上的便利、技术上的相近、统一的制度环境,使集群主体间的谈判和合作成本降低,更有利于形成合作。案例研究中发现,有合作需求时,他们一般首先在园区内寻找业务上能够合作的伙伴。山西软件园的杨经理谈到合作问题时说道:"合作的前提是利益,在利益相差不大的时候,肯定是先考虑身边比较熟悉的人一起合作,因为建立了一定的信任,风险会小一些。"深圳软件园王经理:"大家使用同一种"语言",即相近的技术、一致认同的风土人情,有利于沟通交流,也促进了合作,而技术上的交流和合作有利于共同成长。"西安软件园 SM 公司李董事长说:"管委会帮助建立企业联盟,强化质量管理、信息安全保障及知识产权保护等。这一系列政策、措施消除了我们的后顾之忧,降低了合作风险,促进了与园区内部的合作。"地理邻近、认知邻近、制度邻近在促进内部合作方面均发挥了重要作用,正是多维邻近的协同作用促进了合作的形成。

由于园区中很多中小企业的技术、资金、人才等创新资源非常有限,通过合作实现了优势互补,集中各自的优势资源,使合作主体的创新能力得以增强,而且在合作者之间分担研究开发成本,分散了创新风险。特别是在合作过程中,主体间需要频繁而深度的交流和沟通,这极大地提高了隐性的、复杂的、黏性知识的溢出和技术的转移,还经常碰撞出灵感的火花,更容易激发新的想法和创意,知识的存量和流量都增多,促进了创新。多维邻近对产业集群创新的间接作用路径见图4-2。

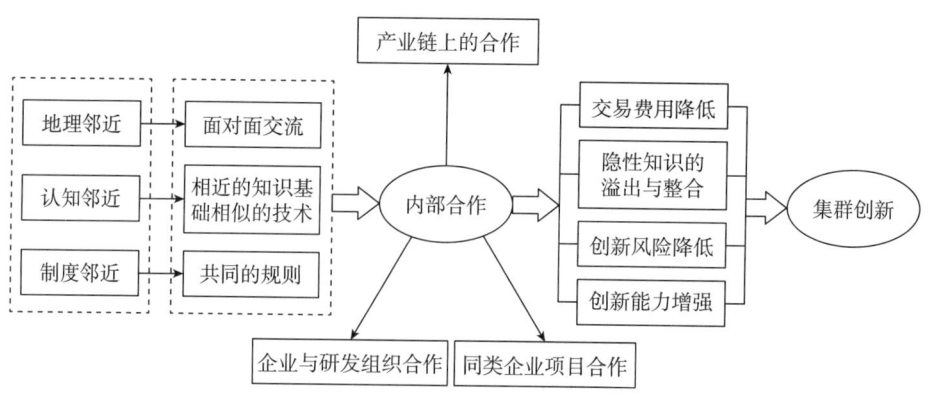

图4-2 多维邻近对集群创新的间接作用路径

4.3.3 多维邻近对集群创新的外部作用路径

北京软件园一些外包企业刚入园时规模小、实力较弱，软件园帮助它们参与 CMMI 认证，并且利用软件园的品牌带领它们到各地谈项目。像文思公司迅速成长，从开始的 300 多人已发展到 5000 多人。北京软件产业基地管理办公室主任还提到："Rational 作为一种最好的软件开发平台，其授权价格高得惊人，大多数软件企业很难承受。并且 Rational 从来没有在中国大陆租赁的先例。于是，软件园管委会出面与 IBM 进行谈判。最终，IBM 同意并允许不同公司可以分时段使用同一个授权。"多维邻近使得产业集群整体比单个企业具有更大的能量，创新能力和抵御风险的能力都远远大于各个主体之和。抗风险能力的提升，为企业创新活动扫除了障碍，处于这样的"集体"中，使他们更有安全感，促使企业大胆创新。深圳软件园 AFX 信息与数据处理公司王总说："在园区中业务沟通很便利，经常会碰头、交流，会更有安全感。另外，对市场、行业甚至竞争对手的状况也比较了解，感觉心里有底，减少了很多顾虑。"产业集群创新能力的提升，增加了园区企业与外部组织项目合作的机会。无锡软件园 WSHH 公司马副经理说："刚入驻园区时，很少有企业主动找我们合作，但现在整个园区发展好了，会有一些公司带着项目到园区来找合适的合作伙伴，感觉机会是比以前多了。"

园区还经常举办各种大型的国际会议和活动，帮助园区企业了解全球行业动态、技术发展趋势，引导它们与外部企业建立联系，引入外部的创新资源和技术。这些技术和资源常常迅速在园区内扩散，使其他企业利用这些较低成本获得的资源，提升自身的创新能力。

多维邻近使产业集群成为一个密不可分的整体，比单个企业具有对外部知识更强的吸收能力、更高的抗风险能力，其品牌效应增强了企业对外部人才的吸引力，更有利于人才引进和与外部的项目合作，这些能够为产业园带来"新鲜血液"，保持活力而不断创新。多维邻近对产业集群创新的外部作用路径见图4-3。

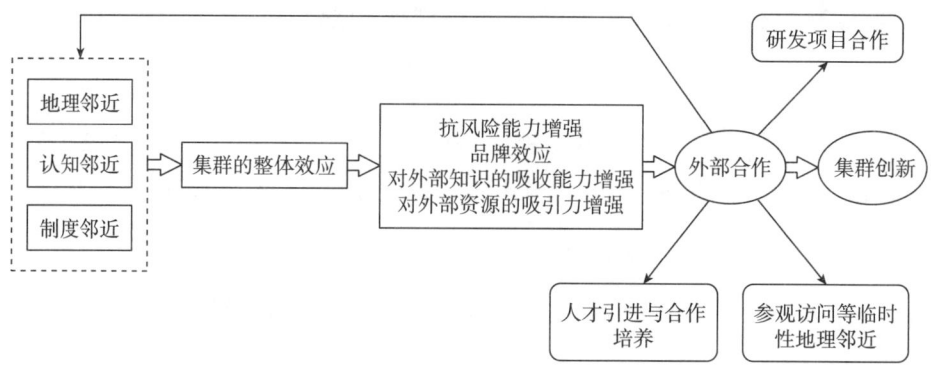

图4-3 多维邻近对集群创新的外部作用路径

4.3.4 三种邻近在集群创新中的不同角色

通过对案例资料的逐步编码发现,地理邻近、认知邻近、制度邻近在促进产业集群创新过程中,各自承担着不同的角色,发挥不同的作用(见表4-3)。

表4-3 多维邻近对集群创新的协同作用机制编码示例

典型资料举例	副范畴	主范畴	核心范畴
无锡软件园WSHH信息公司马副经理:"虽然入园企业都是独立的法人,但可以享受软件园在整体形象推广上的'捆绑'服务,而随着软件园品牌含量的增加,企业价值也顺带攀升。" 山西软件园TMR电子科技公司李经理:"地理上的接近好处很多,比如运营成本降低,及时获得信息、方便技术上的交流等。" 西安软件园SM公司王经理:"园区经常组织各类电商主题沙龙、培训等活动,为我们与其他企业面对面交流提供了极大的便利。"	促进交流 品牌效应 资源共享	地理邻近是加速机制	多维邻近的协同作用机制
北京软件园AS科技有限公司王经理:"我们现在周边都是软件企业,大家使用同一种'语言',即相近的教育背景、相似的技术,进行业务上的沟通交流很顺畅,有利于互相学习,技术提升。" 深圳SCTC信息科技有限公司吴经理:"入驻园区很方便与周围企业进行业务上的沟通,不仅可以了解周围同行在做什么,还可以了解我们所从事的这个行业的动态,而且也有利于技术提升。"	共同语言 业务学习 吸收能力	认知邻近是核心传导机制	
西安软件园PTC信息技术有限公司吴经理:"我们选择西安软件园是因为其与日本相近的文化因素和丰富的人才资源!" 北京软件园HTAP孙经理:"软件园出台行业个人信息安全保护规范、人才申报和知识产权保护等制度,使我们消除了顾虑,大胆创新,迅速成为本领域规模较大、技术产品结构较完备、技术特色突出的上市企业。"	文化认同 降低风险 增加信任	制度邻近是协调机制	

4.3.4.1 地理邻近是使能因素，是产业集群创新的加速机制

地理邻近为集群主体间的相互作用提供了便利，但自身不会形成协调和沟通，主体间不一定发生联系。单纯的地理邻近带来的优势并不能使产业集群创新成为必然，不会在经济主体间产生相互作用而形成整合。访谈中问到"地理邻近是否促进了园区内企业的合作创新"时，西安软件园 HJ 科技有限公司李副总说："地理上的接近为企业创新带来了很多好处，但地域不是合作的前提，我更愿意与业务上能谈得来的有共同目标的企业合作，当然，如果园区内有合适的，那最好了。"可见，地理邻近是有利的，但不足以有效地组织学习，不一定促成合作。地理邻近不是产业集群创新的充分条件，也不是必要条件，仅仅是一个有利条件。地理邻近对产业集群创新的直接作用很小，但它提供了观察学习的可能和相互认识的机会，增加了集群主体或员工间偶然碰到的可能，增加了反复的面对面交流的机会，加速知识溢出和新知识的扩散，是产业集群创新的一个推动者或加速器。地理邻近并不是创新或学习的关键机制。然而，地理邻近辅助和加强了集群主体间的相互作用，促进了其他形式邻近作用的发挥。地理邻近的"促进"作用，使其成为创新和学习的使能因素。

4.3.4.2 认知邻近是桥接因素，是产业集群创新的核心传导机制

地理邻近拉近了集群主体间的距离，但不一定能够实现互动。有效的互动依赖于相似的语言、经验、知识及技术，即集群主体间的认知邻近是他们交流、学习、合作、创新的关键。在交流过程中，他们的相互理解取决于所处的交流环境的兼容性，如共享的心智模式，即某一领域相似的知识能够使主体很好地理解彼此。北京软件园 AS 公司王经理说："我们现在周边都是企业软件，大家相近的背景、相似的技术，有利于互相学习，技术提升。"由于他们从事的行业相近，即适度的认知邻近，使集群主体能够顺畅地沟通和默会，有意或无意的知识溢出

更多,特别是一些隐性知识,更易于被集群主体吸收、消化,他们结合已有的知识积累进行整合利用,进而实现创新。创新升级后的知识又在集群中溢出,被其他企业吸收、利用、创新。如此循环往复,产业集群中的知识存量越来越多,并且不断升级产生新知识。认知邻近对集群主体有效交流和互动起到了桥接的作用,是产业集群中知识流动的桥梁和纽带,而过少或过多的认知邻近都不利于知识的扩散和创新。访谈中发现,个别软件园企业同质化现象较为严重,由于技术水平、企业规模过于相近,使得企业间的竞争大于合作,相互联系非常少。集群主体间认知邻近的程度,决定着产业集群中知识溢出、转移、扩散的深度和广度,进而决定创新的程度,是产业集群创新的核心和关键。

4.3.4.3 制度邻近是环境要素,是产业集群创新的协调机制

集群主体之间生产和分享知识不仅依赖于地理邻近和认知邻近,特别地,它还依赖于制度邻近。正式制度如政策、法律、规则通过提供标准的程序和机制,不仅减少了集群主体间合作的交易成本和不确定性程度,如限制机会主义行为、减少非理性因素、避免信息扭曲等,而且能够保护集群主体的创新资源和成果等,使创新主体获得应有的利益,约束窃取和投机等不正当行为,引导集群主体建立正确的价值观念和营利途径。比如,通过知识产权保护,能够消除集群主体担心知识溢出的风险,保持集群主体的创新动力,为产业集群创新培育有序的竞争与合作环境。北京软件园 HTAP 公司孙经理所言:"软件园出台行业个人信息安全保护规范、人才申报和知识产权保护等制度,使我们消除了顾虑,大胆创新,迅速发展成为上市企业。"非正式制度邻近,如主体间已经建立的共同的价值观和惯例等,增进了集群主体间的信任、协调彼此间的关系,加强合作,提高知识溢出者的溢出意愿,为知识学习和转化提供更多的机会。西安软件园 PTC 信息技术有限公司吴经理:"我们选择西安软件园是因为其与日本相近的文化因素和丰富的人才资源。"制度邻近对于集群主体的行为像胶水一样发挥作用,能够

降低交易成本,增加信任,遏制投机、恶意竞争等不良行为,对产业集群创新起引导和规范作用。

4.3.5 三种邻近协同促进集群创新的机制

在产业集群创新过程中,地理邻近、认知邻近、制度邻近虽然承担的角色不同,但三种邻近并不是单独发生作用的,某一维度邻近作用的发挥在很大程度上同时依赖于其他维度的邻近。三种邻近在相互补充、相互促进过程中,协同配合促进产业集群创新。通过对案例资料的逐步编码(见表4-3),提炼出多维邻近对产业集群创新的协同作用机制(见图4-4)。

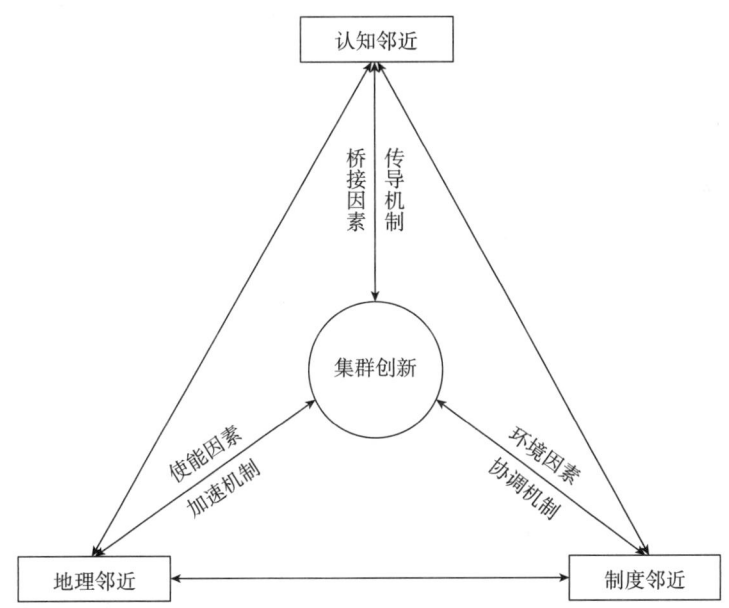

图4-4 多维邻近对集群创新的协同作用机制

地理邻近使产业集群具有很高的创新潜力,但不足以开发这种潜力,不足以使隐性的、非正式的知识发生转移,亦不能保证产业集群产生高的创新绩效。而制度邻近很大程度上影响着集群主体间的协调方式，是主体间建立信任的黏合剂，使集群主体间的相互联系和合作遵循共同的基本规则，提高相互作用的效率，使产业集群成为交易成本节约的经济组织。地理邻近和制度邻近对于知识流动有一定的促进作用，但不能像认知邻近那样决定学习的机会、知识的分享、转移、吸收和创造。认知邻近决定了集群主体间相互作用的强度和深度。在地理邻近和制度邻近的协同作用下，认知邻近使集群主体间产生知识联系，使产业集群成为能产生知识积累和创新效应的组织。案例研究发现，有些软件园引进了很多的企业入驻，各方面政策、设施很完备，但创新状况并不乐观，主要原因之一就是因为仅仅注重了企业在地理上的邻近，而没有考虑这些企业间的认知邻近程度。

虽然地理邻近和制度邻近对于知识流动和相互学习来说并不是严格必需的，但二者对于认知邻近作用发挥的乘数效应却是不容忽视的。地理邻近是产业集群创新的加速器，是集群主体相互作用和知识转移的催化剂。制度邻近是调节器，是集群主体之间互动的润滑剂。只有在集群主体间存在适度的认知邻近时，地理邻近和制度邻近才能充分发挥加速和协调功能。地理邻近伴随制度邻近，使产业集群中认知邻近的主体能够更方便地互动，更有效地处理他们的相似性，结果就是他们能够更有效地结合更大程度的认知邻近，促进认知邻近主体间的知识转移和持续的学习过程，使认知邻近发挥更大的作用。

产业集群的多维邻近还能够通过相互促进而更好地协同作用于集群创新。首先，地理邻近能够促进认知邻近和制度邻近。案例研究中发现，有些认知距离远的企业，在入驻园区之后联系逐渐增多，而频繁的联系使他们在认知方面变得更相似，这又加强了他们继续联系的可能性。地理邻近在创造和修正制度方面也发挥重要作用。正是由于企业的集聚化发展，各个园区相继出台一系列相关政策、规则，同一产业集群的企业刺激了所有参与者共享的制度结构。其次，认知邻近能够促进地理邻近和制度邻近。频繁互动的主体间通过合作规则的建立、信任和共享价值观的发展等而促进制度邻近。远距离认知邻近的主体,为了更方便地合作与交流,很可能在另外一方所在地建立分公司或办事机构以及建立共同的组织制度和合作规则。随着产业集群的发展,能够不断吸引相关企业加入集群,在一定程度上反映了这一点。访谈中深圳软件园 SCTC 科技公司吴经理被问及"为什么选择入驻软件园"时,回答是"一方面是为了享受园区的优惠条件,另一方面更重要的是因为这里聚集了本行业的很多优秀企业,能够相互学习,还可能有更多的合作机会"。行业和技术等认知背景的相似性推动了地理上的邻近。集群企业与外部认知邻近的企业不像当地关系那样有共同的信任,它们会先通过程序规则等一系列的合同来保证合作的顺利。在这个过程中,认知邻近也促进了制度邻近。最后,制度邻近也能在一定程度上促进地理邻近和认知邻近。像软件园这样以政府为主导的产业集群,在集群形成之始,就是因为制度邻近而吸引企业入驻,形成地理邻近。而制度邻近使得集群主体逐渐建立起信任关系,信任的增加促进相互间的联系,进而减少彼此间的认知距离。

三种邻近的协同作用加强了产业集群内在的相互作用,进而能够提高知识转移的流速和流量,降低知识转移过程中的信息损耗和失真,提高集群主体间相互学习的效率和效果,使产业集群产生强大的创新动能。产业集群的创新发展,使其吸引各类资源的环境和条件更加优越,增强了产业集群联结外部资源的能力,吸引外部企业或机构加入,引进新鲜血液,可以避免过度认知邻近带来的锁定效应,集群主体间的相互作用活跃,进一步促进产业集群创新。

4.4 结果讨论

系统论的观点认为,分析研究工作不但要注重系统中每个独立部分的构建过程,还必须注意系统内的各种相互依赖关系,必须识别出什么样的逻辑关系严重影响着整个系统,引起系统某些部分变化的压力是如何对抗使整个系统及其他部分保持稳定(Ken Green & Sally Randles,楚春礼和张琳,2010)。因此,分析产业集群创新系统中多维邻近的协同作用,更能从整体上把握多维邻近对产业集群创新的作用过程。

4.4.1 多维邻近对集群创新的协同作用路径

多维邻近主要通过直接作用、间接作用、外部作用三条路径对产业集群创新产生影响。

一是多维邻近通过直接影响产业集群创新成本、创新环境及创新过程等而影响集群创新。多维邻近不仅降低了集群主体创新的物质成本、信息成本等,而且集群中专业劳动力的供给(Marshall,1920)使人力资源更容易在产业集群内不同企业间流动,人员频繁流动提供了更多的知识获取机会,减少了知识的搜寻成本(Molina - Morales,2014)。产业集群所营造的创新环境和氛围,使处在这样一种"创新"空气中的集群主体,自然而然"呼吸"到一些创新元素,因为知识在走廊和街道之间传播要比跨越海洋和洲际容易得多(Glaeser,1991)。多维邻近的协同作用使集群主体间的相互作用成本降低、频次增加、效率提高,有意或无意地使知识溢出增加。

二是多维邻近通过促进集群主体间的合作而间接影响集群创新。根据网络组织理论,集群主体间合作的原因主要有两种,其一是出于分工与交易的合作,其二是出于共享技术和资源的合作。前一种合作的目的主要是提高信息的对称性,降低交易费用、创新风险以及市场的不确定性;后一种合作主要是基于产业的特征或者企业创新能力的约束(曹休宁,2015)。多维邻近对于促进这两种合作都发挥了重要作用。而合作对于创新,特别是对于知识密集型产业的创新具有重要作用（Hagedoorn，2000；Hoekman，2010）。企业总是试图通过与其他企业合作获得知识和资源，通过跨组织间的学习加强创新绩效（Casanueva，2013；Yli-Renko，Autio & Sapienza，2001）。很多学者的研究也表明了邻近对于合作的促进作用。Katz（1994）和 Mansfielddeng（1996）研究表明，创新主体间的地理邻近是促进合作创新的重要因素。Vásquez-Urriago 等（2016）专门针对科技园区的研究表明，处于园区中能增加合作创新的可能性。Michael Storper 和 Anthony Venables（2004）则进一步指出地理邻近促进合作的原因主要在于：地理邻近所带来的面对面接触是非常有效且丰富的交流技术，并且是克服某些道德风险和信心问题的关键形式，它能够产生有效的选择和匹配过程，以形成有效的合作。Auto 等（2004）关于商业发展和技术获取的研究指出，认知邻近对于成功合作的重要作用。而拥有高度相似的价值观、彼此认可的合作行为，体现了制度邻近在知识整合机制中的重要性（Kahn，2001）。这些研究分别指出不同邻近对于合作的重要作用，但鲜有文献涉及多维邻近的相互联系。事实上，由于有限理性，集群主体总是倾向于寻找与它们现有知识基础密切邻近的，并且在其他维度也接近的合作对象，各种邻近通过减少合作团队的组建成本以及克服协调和控制问题，有助于创新网络的形成（Crescenzi，2013）。多维邻近的协同作用更有利于促进产业集群主体间的合作而促进集群创新。

三是多维邻近通过增强集群与外部的联系而影响产业集群创新。外部的知识资源是产业集群内部知识基础的重要补充，并且常常是发展创新的关键（Steinmo，2016）。产业集群外部的联盟战略与内部的重新联结能力相结合促进企业创新。产业集群的多维邻近关系，使得集群主体间通过集体学习过程、共享资源、技术机会、选择环境产生一致性或凝聚力（Murdoch，1995），使产业集群比单个企业更有力量，对外部资源的吸引力和吸收能力更强。产业集群通过获取关键的外部资源进入集群的创新循环过程，同时帮助集群主体与外部建立联系，使产业集群不断地吸收新的能量而保持创新活力。

4.4.2 多维邻近对集群创新的协同作用机制

地理邻近强化了集群企业密切交流的环境，减少了相互学习过程中的不确定性（Hansen，2013），有利于跨组织学习过程中的知识转移（Fritsch & Schwirten，2002），但并不必然产生创新。Amin 和 Thrift（1994）等通过实证研究表明，地理邻近促进经济增长的逻辑不一定存在，如英格兰东北部地区虽然具有较好的"组织网络稠密度"，但其经济发展缓慢；英格兰东南地区虽然"组织网络稀薄"，但经济发展迅猛。这表明单一的地理邻近，并不一定能够促进经济发展和创新绩效。产业集群主体之间的互动才是知识创新和技术发展的关键因素（Braczyk & Cooke，1993）。Giuliani（2007）强调，并不是地理邻近和社会邻近影响知识流动，而是认知邻近。认知邻近的主体间共同的心智模式形成了一种"共同语言"或"平台"作为交流的基础（Max–Peter Menzel，2008）。还有一些学者的研究也强调了认知邻近对于相互学习和合作创新的重要性，如 Hansen（2013）指出，一定程度的认知邻近是唯一的相互学习的前提。Steinmo 和 Rasmussen（2016）则证实了认知邻近对于所有在创新项目上成功合作的企业来说是最主要的邻近维度。同时，学习是一个集体过程，需要一定的制度设定，知识和技术创新需要大量相关部门和制度的支持（Kirat & Lung，1999）。产生于普遍的制度框架经验的共同的标准、惯例、价值、期望和规则等，这些框架以基本的方式影响集群主体的实践、价值和期望（Gertler，2003）。适度的制度邻近通过正式制度和非制式制度安排，影响集群主体间协调的方式（Aguilera，Lethiais & Rallet，2015）。Mowery 等（1996）证实了，主体间文化越相似，转移和获取的知识越多。Molina–Morales 等（2014）指出，那些具有共同规则、愿景、价值观的公司，会获得更好的创新绩效。共同的规则促进了思想观点的交换，制度法律、工作文化等方面的相似性支持知识获取，是集群主体之间知识整合的支持机制。相反，文化冲突和误解限制信息和知识的获取及组织间的学习。

地理邻近仅仅决定了集群主体间的空间关系，并不能直接将空间关系转化为经济关系，促进这一关系转化主要依赖于主体间的相互作用和协调方式（Kirat & Lung，1999）。最终，产业集群创新绩效由集群主体从邻近主体那里获取有价值的知识的能力决定，对创新影响最大的是知识的特点和主体之间知识基础的重叠，即认知邻近（Cassi & Plunket，2014）。但是，认知邻近作用的有效发挥，离不开制度邻近和地理邻近。制度邻近的主体间存在较高的信任和控制，加之地理邻近能够以更便利的方式促进协调，地理邻近伴随制度邻近，可以节省集群主体间的协调成本和精力，可以使它们更集中于知识的联结和整合，更紧密地合作而获得专业上的突破，使认知邻近创造更高的价值（Cassi & Plunket，2014）。特别是当知识的隐性成分越高的时候，地理邻近对于知识在合作伙伴之间的流动越重要（Maskell，Malmberg & Myopia，2007），它能够极大地加强认知邻近在隐性知识转移和传播过程中的作用。

产业集群的多维邻近不仅是相互补充的，而且是相互促进的。地理邻近在建立认知邻近中起重要作用（Steinmo，2016；Singh，2005；Balland，2014），还能够帮助克服制度距离（Ponds，2007）。地理邻近的主体能够通过发展认知邻近和制度邻近来促进和扩大它们的合作。另外，认知邻近也能够促进地理邻近和制度邻近，Sorenson（2003）认为，如果主体间具有相同的认知背景，很可能建立社会联系而进一步促进其他维度的邻近。当一个主体与认知邻近的主体联系时，为了节约合作成本，建立长期的联系，之后很可能变成地理邻近。随着频繁的接触，它们的知识基础变得越来越相似，很可能变成母公司的子公司（Broekel，2015），认知邻近促进了制度邻近。而当制度邻近和基于信任的关系出现时，认知邻近随着时间可能加强（Kuttim，2016）。三种邻近相互促进的过程，也就是三种邻近趋于协同的过程。正是通过不断地相互促进、相互补充，进而相辅相成促进产业集群创新。

4.5 主要结论

鉴于目前尚缺乏多维邻近对产业集群创新协同作用的研究,以及案例研究方法对"过程""机制"类问题的适用性,本章采用多案例研究方法,分别从东部、中部、西部各地区选取五个软件产业园(基地)进行了实地调查访谈,力图从实践中构建理论。通过案例分析,得出以下主要结论:

其一,多维邻近通过直接作用、间接作用、外部作用三条路径对产业集群创新产生影响。具体而言,多维邻近不仅对创新成本(包括人力资源成本、知识和信息搜寻成本、运输成本、大型设施设备购置成本、协调成本等)、创新环境(集体学习的氛围、共同的基本规则、竞争与协作的工作环境)、创新过程(反复交流、密切互动)等创新要素产生直接影响;而且通过促进集群主体之间的合作而间接影响产业集群创新;同时,产业集群作为一个开放的创新系统,通过集群多维邻近所产生的集聚效应加强集群与外部的联系而影响产业集群创新。

其二,地理邻近、认知邻近、制度邻近在产业集群创新过程中,分别承担不同的角色,以不同的方式贡献于集群主体间的相互作用和知识转移。其中,地理邻近是使能因素,是产业集群创新的加速机制,辅助和加强主体间的相互联系;认知邻近是桥接因素,是产业集群创新的核心传导机制,是集群主体有效交流和互动的根本;制度邻近是环境因素,是产业集群创新的协调机制,是集群主体间互动的润滑剂。

其三,地理邻近、认知邻近、制度邻近密切联系,相互补充,相互加强,协同促进产业集群创新。任何一种邻近作用的有效发挥同时依赖于其他两种邻近。认知邻近是产业集群创新的关键,而地理邻近伴随制度邻近,能够节省集群主体间的协调成本,使它们更集中于知识的联结和整合,使认知邻近发挥更大的作用,创造更大的价值。

4.6 本章小结

本章对多维邻近协同作用于产业集群创新的路径和机制进行了探索性研究。采用实地调查访谈、内部资料、官方网站、公开出版物等多种途径搜集资料,并通过三级编码提炼出多维邻近对产业集群创新协同作用的三条路径,系统梳理了多维邻近对产业集群创新协同作用的脉络,明确了地理邻近、认知邻近、制度邻近在产业集群创新中的不同角色,以及三种邻近对产业集群创新的协同作用机制。

第 5 章
产业集群不同阶段多维邻近对集群创新的影响

在产业集群演化过程中，各种邻近不是一成不变的，而是随着时间不断演进变化（Boschma，2005；Torre & Rallet，2005；Boschma & Frenken，2010）。产业集群的多维邻近，其本质就是集群主体之间在地理、认知、制度上的相对"关系"或"位置"。按照系统理论，系统是由若干个要素组成的，这些要素的结构决定系统的功能。产业集群创新系统主体（要素）间的各种邻近关系（结构）决定了产业集群的创新能力（功能）。就像金刚石和石墨的构成都是 C_{12}，但由于其内部结构不同，两种物质特性大不相同。在产业集群发展的不同阶段，每一种形式的邻近都在随着集群的演进而变化，各种邻近对产业集群创新的作用也不同。不同邻近之间随时间的动态性及相互作用，是理解这些邻近如何促进组织间知识交换的关键（Steinmo & Rasmussen，2016）。在产业集群演化过程中，各种邻近是如何发展变化的？在不同阶段，哪一种或哪几种邻近对产业集群创新起主导作用？本章根据产业集群不同阶段的特点，分析地理邻近、认知邻近、制度邻近的动态变化，以国家火炬计划软件产业基地为例，实证研究产业集群演化不同阶段三种邻近对集群创新的不同影响，识别出在不同阶段起主导作用的邻近，从动态角度揭示多维邻近对产业集群创新的协同作用机理。

5.1 产业集群的演化过程及不同阶段的特点

5.1.1 产业集群演化阶段的划分

产业集群是一个不断发展变化的动态系统，被认为是按照生命周期发展并包括一系列的演化步骤（Mads Bruun Ingstrup & Torben Damgaard，2011）。有些学者认为，产业集群的生命周期可以追溯到产业—技术周期，即认为产业集群与产业、技术、产品相似，要经历生命周期的出生、成长、成熟、衰退或再造阶段（Bergman，2007；Brenner，2004；Klepper，2007；Sölvell，2008）。他们认为，类似于产业生命周期理论所强调的那样，随着时间变化，产业集群的技术知识变得越来越标准化和同质化，集群倾向于过度的强联系和锁定。一些网络也变得非常接近以至于产业集群的吸收能力下降（Ter Wal & Boschma，2009），或者网络中企业的数量收缩，造成发明新产品和新工艺的可能性也减小。在这种产业—技术路径下，当新的产品出现，可能创造新的集群（Brezis & Krugman，1997）。Swann（1998）认为，如果新的技术证明了是与旧的相融合，濒临衰退的产业集群可能通过新公司的加入而复活。

有些学者则认为产业集群的生命周期不同于产业的生命周期，产业集群可能会有不同的成长路径，产业集群生命周期可以与产业生命周期分开，并且产业集群也可以不受技术衰退的影响，通过扩大经营业务进入新的产业（Max – Peter Menzel & Dirk Fornahl，2007）。Raphaël Suire 和 Jérôme Vicente（2011）研究了使产业集群成功与他们所开发的技术周期分离的驱动因素，以使产业集群在不确定的经济环境中保持稳定性和增长。很多学者从产业集群自身的特性出发，对产业集群的生命周期进行了研究。首次对产业集群演化阶段进行明确划分的是奥地利经济学家Tichy（1998），他将产业集群的生命周期分为：诞生、成长、成熟、衰退四个阶段。Van Klink 和 DE Langen（2001）认为，产业集群周期是经历发展、扩张、成熟、转型四个阶段的过程。Garofoli 将产业集群发展分为区域生产专业化、地区生产系统化和区域系统化三个阶段。Enright（2003）根据产业集群活动的水平和自我实现的程度，将产业集群生命周期分为筹划、政策驱动、蓄势、潜在、工作五个阶段。Menzel 和 Fornahl（2009）认为，产业集群生命周期包括出现（导入期）、成长、维持、衰退几个阶段，其发展过程背后的基本动力是产业集群内知识的转移和开发。Belussi 和 Sedita（2009）则认为，产业集群按照这样的阶段发展：婴儿期（初期）、成长、成熟、停滞（衰退）或复兴，他们关注促进产业集群从一个阶段到下一个阶段发展的触发因素。

还有一些理论将"产业驱动"和"集群特性"的生命周期观点结合起来分析产业集群的演进过程。Brenner（2001）认为，外生因素，如产品的市场需求和竞争程度决定了产业集群的群聚效应，但基于当地共生相互作用的内生因素也是产业集群发展的必要因素。Ron Martin 和 Peter Sunley（2011）不同意产业集群演化的普遍性是由某一重要动力或过程所决定的观点，他们认为，分析产业集群演化不能简单地隔离开来，仅看产业集群自身的发展，而应将产业集群看作是复杂的自适应系统，考虑产业集群作为整体与外部环境的相互作用，提出了产业集群演化的"自适应周期模型"。

通过分析发现，学术界对于产业集群演进阶段的划分观点不一，有二阶段论、三阶段论、四阶段论、五阶段论（见表5-1），其中四阶段论最多。本研究认为，产业集群作为一个多主体组成的有机体，在社会经济、政策、资源、环境、市场、产业等因素的影响下，必然是动态地变化发展的，其发展演进规律与生命周期相似，但又不完全等同于生命周期，因为产业集群不一定最后走向灭亡，通过有效的组织管理，产业集群可以成功转型或升级。因此，本研究将产业集群演化过程划分为：形成期、成长期、成熟再造期三个阶段。

表5-1 产业集群演化阶段的不同划分

阶段划分	代表人物	阶段名称
二阶段	Bruso（1990）	自发成长阶段、政府干预阶段
三阶段	Ahorages（1996）	起源和出现、增长和趋同、成熟和调整
	Pouder & John（1996）	萌芽、发展、衰退
	Guerrieri & Pietrobelli（2001）	区域生产专业化、地区生产系统化、区域系统化
	迈克尔波特（1998）	诞生、成长、衰亡
	魏守华（2002）	产生、发展、成熟
	Feldman（2005）	雏形、自组织、成熟
	吴利学和魏后凯（2004）	诞生、发展、衰落
四阶段	Tichy（1998）	诞生、成长、成熟、衰退
	Van Klink & De Langen（2001）	发展、扩张、成熟、转型
	Ahokangas & Rasanen（1999）	起源、成长、成熟、衰亡
	Capello（1999）	地理邻近集群、专业化产品区、工业区、创新区
	秦夏明	基本要素集聚、价值链集聚、社会网络集聚、创新体系集聚
	弗农	诞生期、成长期、成熟期、衰退期
	Brenner（2004）；Bergman（2007）；Klepper（2007）；Sölvell（2008）	出生、成长、成熟、衰退或再造
	蔡宁（2003）；雷小毓（2007）	诞生、成长、成熟、衰退
	池仁勇（2005）	孕育、快速成长、成熟、衰退
	陶永宏（2005）	萌芽期、显现期、稳定期、衰退期
	刘友金（2005）	萌芽、成长、成熟、层级化
	李庆华（2006）	起始、形成、扩展、成熟
	郑风田（2006）	初生期、雏形期、升级期、创新产业区
	余秀江（2006）	萌芽、初级、完善、升级
	薛白（2007）	发展、成熟、衰退、重新成长
	陆小成（2008）	起源、增长、成熟、成长
	赵夫增和穆荣平（2007）；王晶晶（2007）	萌芽、发展、成熟、衰退或转型
	Menzel & Fornahl（2009）	出现、成长、维持、衰退
	Belussi & Sedita（2009）	婴儿期、成长、成熟、停滞（衰退）或复兴

续表

阶段划分	代表人物	阶段名称
五阶段	Giovana & Dini（1999）	起步、形成战略计划、联合发展、实施战略性项目、自主管理
	克鲁格曼（1991）	形成、增长、饱和与转型、衰退、解体或复兴
	Enright（2003）	筹划、政策驱动、蓄势、潜在、工作
	赵海东和吴晓军（2006）	企业集聚、产业集聚、结网、根植、发展

资料来源：作者根据相关文献整理所得。

目前对产业集群发展演化阶段主要是定性的判断，进行定量划分的较少。有的学者运用产业集中度、曲线拟合等产业生命周期阶段的划分方法对产业集群阶段进行划分。比如，朱永跃（2012）采用产业集中度法，即利用某地区整个产业中前几位规模最大的企业的相关数值（如销售额、产值、销售量、资产总额、职工数等）在整个产业中所占的比重来测量产业集聚度水平，据此判断集群所处的发展阶段。Press（2006）认为，集群的生命周期包括出现（出生）、成长、成熟、衰退、灭亡五个阶段，可以用就业人数、公司数、创新性、市场份额或其他相似的指标测量集群所处的阶段。曾咏梅（2008）建立指标体系并借助专家打分，采用非对称贴近度的 TOPSIS 方法，对产业集群生命周期进行判别。王德鲁和宋学锋（2010）构建了基于粗糙集—径向基（RBF）神经网络集成的产业集群生命周期识别模型。黄由衡（2013）建立了以企业数量为一维指标的产业集群发展阶段 Logistic 连续模型，通过采用黄金分割法、试位法等，计算出模型中的参数，得出产业集群发展过程的关键时点，依此划分产业集群的发展阶段。于杰（2012）从执行功能（P）、行政管理职能（A）、创新职能（E）、整合职能（I）四个维度建立指标体系，通过专家打分的方法判断产业集群创新体系的发展阶段。

综上可见，关于产业集群演进阶段的划分方法主要有经验判断法、特征分析法、TOPSIS 综合评价法、曲线拟合法、基于粗糙集—神经网络的评估法等。各种方法的特点及适用情况有所不同。经验判断法主要是根据专家的主观感知对产

第5章 产业集群不同阶段多维邻近对集群创新的影响

业集群所处的阶段进行识别。这种方法对产业集群进行大致的阶段划分是可取的，但很难做到精确的时点划分。特征分析法、TOPSIS综合评价法（逼近于理想值的排序方法）等方法，选取多个指标对产业集群发展阶段进行评估更为全面和客观，但这些方法需要借助专家打分来进行主观判断，对于一个或少数几个集群来说是可行的，但在样本量较多的情况下，这两种方法工作量太大，操作性不强。基于粗糙集—神经网络的识别方法，需要事先知道每个样本集群所处的阶段，对于大样本而且无从知晓各个集群所处阶段的情况下，这种方法不适用。

本研究考虑数据的可得性以及操作的可行性，采用曲线拟合法、动态聚类方法、专家评估法来对产业集群发展阶段进行识别。首先，进行曲线拟合，确定每个产业集群的发展大致分几个阶段。一些学者（Menzel & Fornahl, 2010）认为，随着产业集群出现、成长、成熟到衰退，集群企业数量和员工人数都呈现出先升后降的变化，可以通过产业集群内的企业数量、员工人数衡量产业集群的演化阶段。因此，本研究根据每个产业集群2004~2015年历年的从业人数进行拟合，观察产业集群的发展趋势。利用MATLAB中的cftool工具箱进行指数函数、高斯函数、二次函数以及Logistic增长模型进行拟合，选择调整平方和（Adjusted R-square）最大，即拟合的最优结果确定每个集群分几个阶段。以西安市软件园为例，对西安软件园从业人数的增长过程进行分析，拟合结果（见图5-1）表明，用高斯函数拟合西安软件园从业人数的增长，调整平方和最大达到0.984，即拟合效果最优。再从软件园从业人数的增长率来看，一开始增长率较小，从业人数增长缓慢，说明处于形成期，然后增长率上升，人数增长较快，说明处于成长期，最后增长率又减小，基本平稳，说明此时处于成熟期。对类似可以用高斯函数拟合的产业园区均可分为三个阶段。而其他用指数函数拟合效果达到最优的产业园区，则是经过一开始的形成期之后从业人数迅速增长，未达到稳定期，这种产业集群则考虑划分为两个阶段，即形成期和成长期。

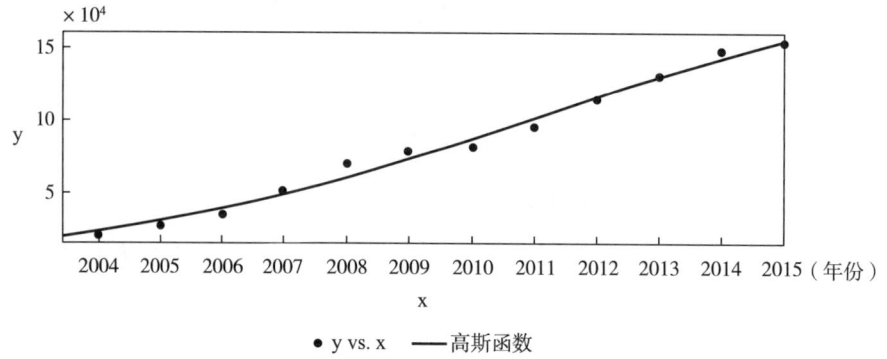

图5-1 产业集群阶段划分拟合曲线(以西安软件园为例)

集群企业数或就业人数仅仅是产业集群发展演进的外在表现或数量方面的特征,考察产业集群的发展还应该考虑集群主体间联系的紧密程度以及产业集群整体的创新情况。因此,第二步,从产业集群规模、收入、创新等方面考虑,进行动态聚类分析。利用SPSS软件,选取集群总收入、年末基地总人数、新产品销售总额、净利润四个指标,最大迭代次数为25,进行动态聚类。有些产业集群成立年限较短,数据较少,不适合进行曲线拟合,对于这类产业集群主要通过对集群管理者及集群企业经营者的访谈,同时结合聚类结果进行判断。最终确定237个样本中有93个处于形成期、109个处于成长期、35个处于成熟期。

5.1.2 产业集群不同阶段的特点

产业集群发展演化的过程,是集群企业间专业化分工与协作日益深化的过程,是其主题边界和空间边界不断扩大的过程,是由企业集聚到产业集聚再到产业融合不断创新的过程(见图5-2)。

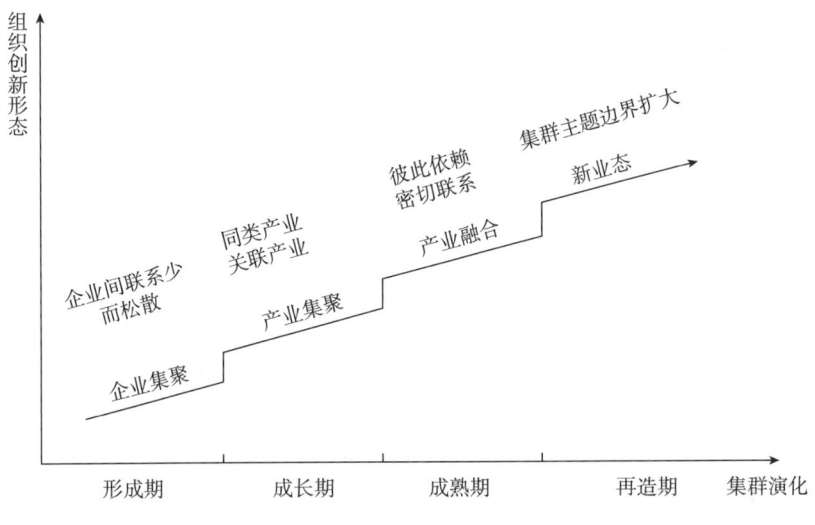

图 5-2 产业集群演化过程

亚当·斯密（2003）认为，劳动分工是社会经济发展的基础，劳动分工与专业化协作地不断深化既能推动生产制度的创新，还可以促进交易制度的规范化发展，生产和交易制度的不断完善，能够提高劳动生产率，降低交易成本，进而带来收益递增，构成长期经济增长的源泉。

在产业集群演化过程中，集群企业为了提高劳动生产率，对企业内部生产进一步细化分工，或者将零部件生产或某一工艺阶段进行外包，将生产过程分解成若干个价值增值的环节进行生产，某一中间产品分别由不同的生产者生产，形成了生产在企业间的分工，这个过程是企业内部分工不断外化的过程。企业内部分工的细化在提高劳动效率的同时，也提高了市场交易成本和组织管理成本。企业作为利润最大化的追求者，在其他条件不变的情况下，总是希望成本更低，即企业在通过生产劳动分工降低劳动生产成本的同时，也节约交易费用。这种情况下，产业集群应运而生。产业集群作为宏观市场和微观企业之间的一种中间组织，恰好能够满足企业的这种需求，地理邻近使集群企业能够减少运输成本、共享基础设施和规则等，降低分工带来的交易成本。因此，企业本能地倾向于聚集在一起，在分工的基础上进行协作。承担某个中间产品或工艺的企业不断涌现，他们相互依赖并使得产业关联日益紧密。分工越细,专业化程度越强,企业间的依赖程度越强,越需要加强协作。这种协作不仅能够提高产业集群中单个企业的生产力,而且贸易伙伴之间建立起长期的关系和信任而形成较为稳定的经济社会网络,企业间频繁的相互作用,使得企业间积蓄的邻近势能转化为创新动能,推动集群企业和集群整体不断发展。

5.1.2.1 产业集群形成期的特点

产业集群的形成可能出于各种不同的原因。Malmberg 和 Maskell(2002)认为,产业集群常常是通过在当地建立一个或数个公司而出生的,这个(些)公司通过发展子公司和模仿最初的公司和吸引其他公司来成长。Sölvell(2008)指出,自然因素优势和历史事件使产业集群建立。除了以上原因,波特还指出,产业集群也可以起源于不同寻常的、复杂的或短缺的当地需求;或者先前存在的供应产业、相关产业甚至整个相关集群可以提供一个新集群的种子。无论是哪种诱因使得一个新集群建立,在初期,集群企业数量非常少,增长也较为缓慢。从微观视角的研究认为,集群的形成不仅依赖于现有的企业和适当的环境,更多地取决于企业之间的关系(Max-Peter Menzel,2007)。在初创期,基本上是同类企业的聚集,企业生产相同或相近的产品,彼此之间分工与协作关系还没有建立,还没有上下游企业的相互配合以及服务机构等的支持,尚未形成产业链条。整个集群人才、技术、知识等资源很稀缺,这些同质企业之间只是地理上的邻近,彼此之间的联系很少,可谓是"形聚而神不聚",虽然地理上不断接近,但还没足以发生作用,集群企业间还没有形成正式的合作,有的也只是子公司与母公司之间或上下游的供货商或经销商之间的联系。产业集群发展初期仅仅表现为相互依赖的商业型地理集聚(Padmore,1998),整个集群创新能力不足,通过技术引进在产业集群扩散,主要通过低成本优势获利,集群主体各自本身的"质量"(人才、技术、知识等)很小,因此,集群的邻近势能也非常小,创新动能不足。

5.1.2.2 产业集群成长期的特点

在成长期，产业集群的知识结构、网络、社会资本、法律、需求优势以及与集群相关的其他事件驱动其成长。这一阶段，集群内企业不断增多，而且增长速度加快，集群内企业密度增大，越来越密集的企业和机构增加了创新网络形成的可能性，企业间的联系增多，信任加强。产业集群的不断壮大产生了对专业服务和投入的需求，包括专业的劳动力、专业化的供应商、专业化的服务机构等。随着企业间分工的细化和深入，集群企业的生产向更高层次的专业化生产转化（吉敏，2013），上下游之间的分工合作纵向联系逐步建立，专业供应商出现，信息积累，当地机构开展专业的培训、研究，支持性的基础设施和组织逐渐建立起来。

企业不断集聚的同时，企业间的分工水平逐渐提高，彼此间形成密切的产业关联性和较强的相互依赖性。这种关联性使创新产生联动效应，上游企业的创新行为对下游企业的创新提出需求，进而推动下游企业的创新，促成产业链上的整体创新。产业集群的集聚效应开始显现，集群正效应的存在使得集群不断发展壮大。自我加强循环促进集群的成长，集群的成功会进一步吸引优秀人才和优秀企业的加盟，创业者会注意到集群的优势，一些具有创新思想或相关技能的企业或个体也从其他地方迁移进来，集群对人才、技术的吸引力不断增强，各个企业的"质量"也增大，邻近势能随着集群企业数量和质量的提高而逐渐增加。当地政府的支持以及集群效应的显现，吸引到更多企业进入或成立，产品同质化的竞争，使得企业寻求更低的成本，更高的生产率，逐渐要求专业化分工与更高素质的劳动力，并且形成专业的劳动力市场，产业链延伸，在集群内部形成较为密集的交易网络和资源联系。企业间的分工与合作日趋密切，创新能力提高，逐步从模仿创新开始进行局部自主创新。产业集群规模不断扩大，呈现出蓬勃活力。

5.1.2.3 产业集群成熟再造期的特点

在产业集群成熟阶段，集群企业达到饱和，企业密度增大，同时企业之间建立了充分的信任，联系非常紧密，知识、技术的流动和溢出效应明显，竞争与合作程度都达到最大，集群企业的数量和质量都达到最大，集群成员更为多样化，各种基础设施、服务机构、制度等很完善，并且在集群中日益发挥明显作用。集群主体之间的关系更为复杂，不仅企业之间形成上下游的纵向联系，而且同类企业之间形成横向的合作关系，企业与其他机构之间的联系也很紧密，形成纵横交错的相对稳定的分工合作网络。由于外部市场环境的变化，或者集群主体间相互专用性程度的提高，使得集群主体在技术、资源或能力等方面的相互依赖增强，随之信任程度提升（Powell，1996）。这一阶段的产业集群不仅是一个具有生产集约与协作效应的组织，更是一个能够产生知识积累和创造的组织。集群主体之间、员工之间的交流很频繁，知识、技术、信息快速流动和扩散，尤其是隐性知识的溢出，使产业集群由局部创新过渡到自主创新，原始创新增多。集群的创新优势主要体现在因产业关联导致的网络优势上。这个阶段地理邻近的效应减弱，制度邻近、认知邻近的作用明显，邻近势能达到最大。

然而，随着产业集群的继续发展，过度的多维邻近使得集群企业创新方式趋同。当产业集群失去对变化着的环境调整的能力（这种能力依赖于集群内多样化的知识）时，产业集群开始衰退。当集群中进入过多的企业或机构而远远超过集群所能承载的最大负荷时，过度的地理邻近使集群中各种资源特别是集群企业共享资源变得短缺，极大地提高了企业的生产成本，对资源、市场等的争夺可能造成恶性竞争，创新资源匮乏使同类企业的过度竞争破坏了良性的竞争环境，造成竞争企业两败俱伤。同时，过度专业化造成各种资源专用性过高，集群企业对不断变化的内外环境的适应能力下降，无论哪个环节出现问题，都可能使整个链条或网络节点受到影响。过度的认知邻近、地理邻近，使得知识、技术溢出的程度更大、速度更快，阻碍了集群企业创新的积极性，导致创新惰性。另外，外部消费市场需求的快速变化、技术的不断更新，可能会使已经僵化和反映不够灵活的产业集群不堪重负。

表 5-2 产业集群演化不同阶段的主要特征

特征	初创期	成长期	成熟再造期
企业数量	很少	快速增长	达到最大后开始减少
配套机构	很少	逐步增加	完善
分工与协作	基本独立作业	以上下游的纵向分工与协作为主	高度专业化分工与合作,各类主体分工与合作成为常态
主体间联系	几乎没有	上下游纵向联系、各类主体间的横向联系逐步增加	纵横交错的联系网络"锁定"现象初现
网络类型	经济网络	关系网络	知识网络
知识溢出	较少的显性知识	隐性知识溢出	知识存量增加
邻近势能	主要是地理邻近势能认知邻近势能、制度邻近势能非常小	地理邻近势能、认知邻近势能、制度邻近势能不断增大	地理邻近势能、认知邻近势能开始减小甚至为负值,制度邻近势能最大
自主创新能力	较弱	增强	较强

5.2 基于集群演化阶段的多维邻近与创新绩效的时变关系

5.2.1 研究假设

5.2.1.1 形成期:地理邻近起主导作用

在产业集群形成期,企业由原来的分散状态,逐渐集中于某一区域,实现了地理上的邻近。随着集群企业数的增多,集群主体间的地理邻近程度越来越高。产业集群的形成不仅依赖于现有的企业和适当的环境,更多地取决于企业之间的关系(Max - Peter Menzel,2007)。但是,在这个时期,基本上只是同类企业的集聚，彼此之间分工与协作关系还没有建立，没有形成上下游企业的相互配合，尚未形成产业链条，各种服务机构和制度还没有建立或不够完善。虽然实现了地理上的接近，但集群主体彼此之间的联系很少，认知邻近所发挥的作用非常有限，隐性知识溢出微乎其微，只有少量的显性知识溢出，企业主要通过模仿创新。产业集群的创新优势一方面来源于地理邻近带来的基础设施共享、物质资源运输成本下降等。另一方面在集群形成初期，虽然集群企业间还没有发生密切的联系或紧密的输入输出关系，但由于地理邻近及认知邻近，使它们很容易获得竞争对手产品的特点、成本、质量等相关信息（Bathelt，Malmberg，Maskell，2004），通过与竞争对手情况的比较，激励它们对产品或技术进行改进，以提供差异化的产品。在集群企业相互之间不断地观察、比较、创新的过程中，推动产业集群的整体创新（周海涛和张振刚，2016）。另外，这个阶段地理上的邻近虽然对于知识溢出和知识交换的作用非常有限，但地理邻近对集群企业进行知识交流学习的积极性和检索技巧产生影响，使它们更容易接近空间的知识源（Broekel & Binder，2007），地理邻近不仅提供了进行观察和模仿学习的机会，而且为进一步学习和合作提供了便利和可能，为集群主体进行面对面沟通创造了条件。由于技术问题的复杂性和分析、综合有关技术信息的重要性，面对面的口头沟通在当今研发活动中扮演着重要的角色（Ravi，Harry & Cynthia，2013）。因此，这一阶段，邻近势能主要是由地理位置接近所产生的地理邻近势能。相比于之前分散的企业，产业集群的创新绩效主要得益于地理邻近所带来的成本优势、观察学习以及学习交流效率的提高。综上所述，提出如下假设：

假设1：产业集群形成期，地理邻近与集群创新绩效显著正相关。

5.2.1.2 成长期：认知邻近起主导作用

在产业集群成长期，集群内企业不断增多，而且增长速度加快，越来越密集的企业和机构增加了彼此联系的可能性，地理邻近降低了集群主体的搜索成本和合作项目的交易成本，主体间的横向联系日益增多。同时，产业集群的不断壮大产生了对专业服务和投入的需求，包括专业的劳动力、专业化的供应商、专业化的服务机构等。随着企业间分工的细化和深入，集群企业的生产向更高层次的专业化生产转化（吉敏，2013），上下游之间的分工合作纵向联系逐步建立，专业供应商出现，信息积累，当地机构开展专业的培训，支持性的基础设施和服务机构以及各种制度规则等逐步建立，制度邻近程度逐渐提高。

这一阶段，集群主体可以接触到更多的知识源，可以从供应商、客户、同类企业、研发机构以及公共服务部门等，获得关于产品、技术、市场、组织管理、制度等各方面的知识和信息。集群主体间相互专用性程度的提高，使得各主体在技术、资源或能力等方面的相互依赖增强，随之信任程度提升（Powell，1996），有了更多面对面学习交流的机会和愿望，主体间开始探讨深层次的技术或项目合作问题，集群企业或个体之间在寻求解决问题的过程中，不断交流、沟通，促进知识溢出、吸收、应用，产业集群的集体学习效应显现。在集群主体频繁的相互作用过程中，有意的知识交换（基于市场机制）和无意的知识溢出（通过空间和非空间维度）都很多。对这些知识的吸收和利用，除了地理邻近推动的面对面交流的便利、制度邻近营造的信任氛围之外，对于研发工作者间建立知识联系来说，具备相似的同质原创知识认知基础，拥有共同的知识基础和技术语言是最重要的，具有相似的技术特征和相近的专业背景更易于交流和沟通，才有可能进一步深入探讨，更好地相互理解和质疑，更好地了解和有效地处理额外的知识，在讨论与争辩中迸发出新的创意或想法。通过与从事类似工作的人进行沟通，可以获得许多新思想（Ravi，Harry & Cynthia，2013）。尤其是对于隐性知识的生产、识别、纠正和流动，认知邻近是核心和关键。认知邻近的企业或员工、具有相似的知识基础的经济机构，或者具有相似的专业结构的地区，能够更容易以更低成本进行知识交换，并且支持创新（Man & Duysters，2005）。集群企业在不断地相互作用过程中，搜索到具有"共同语言"进行合作的伙伴，通过知识交换、消化吸收获得其他企业多样化的异质性知识,在整合、重组自身原有知识和外部知识的过程中,企业的创新能力得以提升。由于学习过程,企业间减少了认知距离,这种趋同创造了进一步合作的可能。伴随着劳动分工和企业的专业化,集群企业创新绩效及集群整体的回报增加。

因此,这个阶段产业集群创新的优势主要来源于创新投入的人力资本优势与技术优势,来自于知识、技术的溢出与整合。集群主体间的认知邻近水平决定了产业集群中知识溢出的流量和流速,以及知识扩散的深度和广度。适度的认知邻近能够使产业集群中共享知识增多,并且不断创造新知识。认知邻近促进产业集群自主创新能力提升使集群创新势能迅速增加。而集群横纵向网络的形成不仅使得集群企业可以在更大范围内获取有效的创新资源,提高了企业创新的可能性,而且使得创新在集群内迅速扩散,集群企业间创新势差减小,集群整体创新水平提高。由此,提出如下假设:

假设2:产业集群成长期,认知邻近与集群创新绩效显著正相关。

5.2.1.3 成熟再造期:制度邻近起主导作用

经过成长期的快速发展,集群企业接近饱和,各种基础设施和服务机构日趋完善,规章制度、集群文化日渐形成,并且在产业集群中日益发挥明显作用。集群主体经过长时间的熟悉和探索,已经建立起较稳定的信任机制,主体间的联系很频繁,交流合作成为常态。集群主体间纵横交错的各种网络关系,加快了知识、技术、信息的流动和扩散。这一阶段的产业集群不仅是一个具有生产集约与协作效应的组织,更是一个能够产生知识积累和创造的组织。

然而,随着产业集群的继续发展,当进入集群的企业或机构超过集群所能承载的最大负荷时,过度的地理邻近使集群中各种共享资源变得短缺,企业生产成本提高。企业为了争夺资源,获得利润,可能出现无序竞争、以次充好等不良行为,资本市场和产品市场的无序状态,急需制度进行规范和引导。制度因素是影响企业行为的基础（North，1990）。按照制度经济学的观点，制度具有经济功能和安全功能（曹休宁，2015）。经济功能就是企业作为追求利益最大化的主体，需要一些规则来降低由于有限理性和不完全信息造成的不确定性，提高获得经济收益的可能性。安全功能是指制度能使集群主体降低交易风险、创新风险、道德风险等，为集群主体稳定运行提供保障。因此，在这个阶段，制度邻近显得尤为重要，产业集群需要通过制度邻近调节由于过度地理邻近带来的冲突。正式制度的相似使行为主体能在统一的框架之下进行对话和合作，减少谈判成本和合作风险。非正式制度如文化、风俗、习惯、道德意识、价值观等的相似，亦能促进信任和相互作用，在一定程度上约束或规范企业的投机行为。

在产业集群成熟再造期，过度专业化造成各种资源专用性过高，长期形成的集体思维等因素，使得集群的创新主要来自于内部已有的技术路径，产业集群被锁定在它现有的发展路径，对不断变化的内外环境的适应能力下降。同时，过度的认知邻近和地理邻近所导致的快速模仿，也降低了那些进行自主创新企业的积极性，造成创新惰性。产业集群失去了维持多样性的能力而开始衰落。过度的认知邻近产生了锁定效应，需要管理部门采取一定的调配政策"解锁"，尽快调整以防止集群衰落。比如，可以通过财政、税收、金融等优惠政策激励集群企业开展创新活动，增强集群企业的创新意愿，加大研发投入，另外还能引导它们开展共性技术研发，有效激发与内外部机构进行合作的积极性（Gopal，1996），加强与产业集群外部企业进行联系，引进新鲜血液。

可见，过度的地理邻近和认知邻近所产生的负面效应，需要制度邻近来破解，并进一步引导和促进产业集群升级或转型。产业集群演化升级往往取决于所在地区政府在法律、产业政策、市场环境等方面所实施的努力（Campbell，2007）。集群企业通过已建立的密集网络获得了各种能力，在政府的引导和帮助下，通过与外部的联系将新的知识带入集群，保持网络的开放。产业集群的主题边界随着新技术整合进集群而递增。通过认知邻近的调整，使得集群企业的异质性增加，重新焕发创新活力。同时，政府管理部门也可以通过扩大地理边界来缓解产业集群的"拥挤效应"。因此，制度邻近所产生的力量在产业集群成熟再造期发挥重要作用。综上所述，提出如下假设：

假设3：产业集群成熟再造期，制度邻近与集群创新绩效显著正相关。

5.2.1.4 创新支持力度的调节作用

多维邻近固然为产业集群创新提供了优势和可能，但创新绩效的提升还有赖于集群对创新的经费投入。研发经费等科技活动投入是将潜在的创新优势转化为现实的创新产出的物质基础。科技活动经费投入能够激发研发人员的创新积极性，提高物质资源的利用率，影响产业集群的创新活跃度（Olsont，2001）。研发经费投入是提升高技术产业创新绩效的动力和源泉（楚尔鸣，2005）。范凌钧等（2010）也认为，R&D支出对提升高技术产业的研发创新效率具有显著作用。在产业集群形成期，集群主体间的联系很少，集聚效应还没有显现，企业的创新能力较低，需要大量的创新创业资金用于人才培养和设备投入等，集群科技活动经费支持能够缓解中小企业研发经费紧张、创新资源不足的局面，助力集群主体启动创新活动，使地理邻近的优势得以充分发挥。在产业集群成长期，科技活动经费投入能够促使集群主体积极寻求合适的合作伙伴进行项目投资或研发合作，促进了集群主体之间的联系和合作，加强了认知邻近伙伴之间的联系，产业集群创新活动更加活跃，认知邻近对创新绩效的作用更加明显。产业集群发展到成熟再造期，集群主体间的联系日益紧密，形成了纵横交错的创新网络。集群主体通过已建立的密集网络获得了各种能力，创新能力很强。但由于高度的专业化分工，使集群主体长期聚焦于专业的市场和技术而造成路径依赖，产业集群失去了对变化的环境进行调整的能力（Max – Peter Menzel，2007），创新增长速度放缓甚至开始下滑。这种情况下，政府管理部门对创新活动的资金支持，可能帮助它们焕发新的生机和活力，阻止集群衰落（Thomas Brenner & Charlotte Schlump，2011）。

科技活动经费投入，可能增强产业集群创新活跃度，激发产业集群多维邻近所形成的潜在邻近势能的转化，产生新的创新动能。由此，提出如下假设：

假设4a：在产业集群形成期，集群科技活动经费支出正向调节地理邻近与集群创新绩效的关系。

假设4b：在产业集群成长期，集群科技活动经费支出正向调节认知邻近与集群创新绩效的关系。

假设4c：在产业集群成熟再造期，集群科技活动经费支出正向调节地理邻近、认知邻近、制度邻近与集群创新绩效的关系。

5.2.1.5 假设模型

多维邻近对产业集群创新绩效具有重要影响，产业集群的地理邻近、认知邻近、制度邻近协同作用，促进产业集群实现创新绩效。但在产业集群演化的不同阶段，各种邻近对集群创新绩效的贡献不同，并且三种邻近所发挥作用的大小会受到创新活动经费支持的影响。基本假设模型见图5-3。

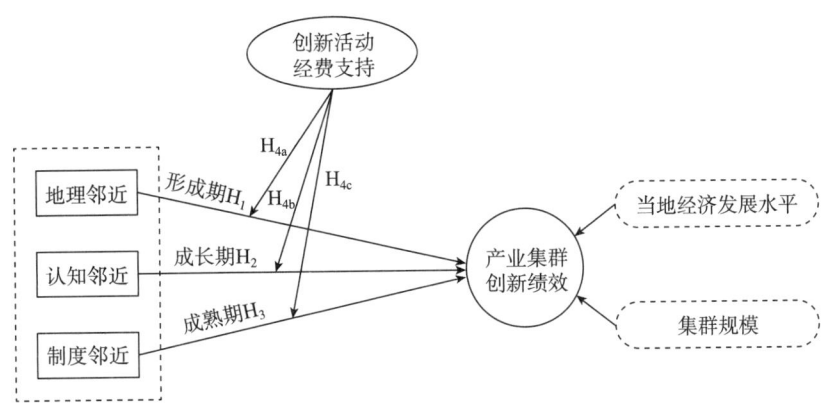

图5-3 假设模型

5.2.2 研究方法与数据来源

5.2.2.1 研究方法的确定

回归分析方法是计量经济学中应用最为广泛的方法之一。回归一词最早由 Francis Galton 提出。回归分析是研究因变量对一个或多个解释变量的依赖关系，其目的在于通过后者（在重复抽样中）的已知或设定值，去估计或预测前者的总体（均值）。根据研究目的以及解释变量的个数不同，有一元回归分析、双变量回归分析、多元回归分析。多元回归分析常用的又有逐步回归分析和层次回归分析。逐步回归分析方法是将解释变量逐一引入模型，其条件是偏回归平方和的检验值显著。每引入一个新变量，都要对已引入的变量进行检验，把不显著的变量剔除，以保证模型中的所有变量都显著。层次回归分析方法是首先将控制变量引入模型，讨论控制变量变化所引起的因变量的方差，在控制这些变量影响的基础上，将解释变量引入模型研究总体的变化以及对解释变量的作用进行分析。逐步回归分析存在的不足是：难以区分控制变量与解释变量的影响，这不符合统计学的"MAXMINCON"原则，不能准确区分各个解释变量对总方差的作用或贡献，而层次回归分析恰好能够解决这一问题。从本书的研究目的来看，对多维邻近与产业集群创新绩效的相关分析，解释变量有多个，同时还要考虑其他因素的影响，即模型中要引入控制变量，因此，适合采用层次回归分析方法进行研究。另外，本研究还将在基本模型的基础上加入调节变量，讨论调节变量对解释变量与因变量之间关系的影响。

5.2.2.2 数据来源与数据处理

（1）数据来源。本研究以中国火炬软件产业基地为研究样本进行实证分析，主要基于以下几方面的考虑：首先，从成立时间来看，中国火炬软件产业基地从20世纪90年代初开始认定以来，经过20多年的发展，产业集群效应较为明显，基本能够反映产业集群演化发展的不同阶段。其次，产业集群相比于单个企业，组织规模大，涉及的主体多，本研究所需要的数据较多，通过访谈或问卷调查搜集数据不仅需要花费很长的时间，并且很难收集到大量的产业集群前期发展的完整数据。而《中国火炬统计年鉴》关于国家软件产业基地有较为细致和全面的权威统计数据，能够满足本研究的大部分需要。最后，软件产业是高技术产业，创新是其主要特征之一，能够较好地体现本研究的主题。

本研究数据主要来自于《中国火炬统计年鉴》（2008~2016），有部分来自于中国科技部火炬高技术产业开发中心的统计资料汇编（2004~2007）。基地所在城市的人均GDP来自于《中国城市统计年鉴》，有少数年份的数据来自各个城市官网的统计公报。

（2）数据处理。对少数几个缺失值用临近点（跨度为2）的均值替代，即临近年份的均值代替；将人均GDP、集群科技活动经费支出、集群创新绩效的值均取对数，目的是消除异方差、降低异常值的影响，并且取对数之后数据更容易接近正态分布。将地理邻近、认知邻近和制度邻近测算公式中的指标值也均取对数处理，目的是降低分子分母的数量级，使比值不至于过小而导致回归系数经济意义不明显。

5.2.3 变量设定及测度指标选取

5.2.3.1 被解释变量

产业集群创新绩效是被解释变量。有很多研究都是用集群企业的创新绩效反映集群的绩效，从集群整体层面来测度的较少，所采用的指标也不尽相同。客观的测量指标通常有专利数、发表论文数量、获得支持的项目数量；主观的测量指标有新产品的质量、功能、工艺等（Kanji，1996；Tang，1998；Prajogo & Sohal，2003）。也有的基于市场份额和声誉衡量创新绩效（Moser，1984；Olson，Walker & Rueker，1995）。Mulu Gebreeyesus 和 Pierre Mohnen（2011）则按照职能进行分类，将产业集群创新活动分为三类：产品创新（改善设计、增加种类）、工艺创新（提高质量、设备投入）、组织创新（管理、员工技能提升），然后采用过去三年中公司开展的创新活动的类型，建立创新强度指数，这个指数是类别变量，即 0 代表没有创新，1 代表一到两项创新，2 代表三项及以上创新。

有的学者主要关注产出，采用专利和新产品数量衡量集群企业创新绩效（王为东和陈丽珍，2013）；有的学者同时考虑创新过程和结果，文献中出现频率较高的指标有：新产品占销售收入的比重、申请的专利数、新产品开发速度、新产品研发成功率（赵忠华，2012；杨皎平，2012；刘新艳，2015；李宇，2015）；有些研究涉及的指标更为宽泛，如，张惠琴和邵云飞（2011）在上述基础上增加了经济发展水平、各种配套政策的执行速度、出口创汇总额和增长率、工业产值占所在城市的工业产值比重、整体服务的满意水平等指标；李琳（2014）通过软件著作权、相关无形资产、主营业务收入测度产业集群创新绩效；Effie Kesidou 和 Henny Romijn（2006）从数量和质量两方面，包括自主创新产品、产品改善、新产品数、新产品销售额、新产品质量五个指标来测量高科技产业的创新绩效；Cassi 和 Plunket（2014）则用"专利引用"测量创新绩效，他们认为，专利引用可以反映技术的质量和专利的经济价值。新产品创新绩效被认为是一个很好的创新绩效指标（Laursen & Salter，2006）。借鉴现有创新绩效的测量指标，考虑本研究软件产业集群的特点以及数据的可靠性及可得性，本研究选取两个指标：新产品销售收入、自主版权软件收入来反映产业集群创新绩效。

5.2.3.2　解释变量

本研究的解释变量包括三个：地理邻近、认知邻近、制度邻近。

（1）地理邻近的测度。地理邻近指集群中各主体在地理位置上的接近程度。地理邻近的测度可以从一元和二元两个层面进行。已有研究大多是衡量两个主体间或区域间的地理邻近，即通过两个主体间的距离（二元距离）来测度，主要是通过主体间或区域间的直线距离、球面距离、交通距离、交通时间等来衡量。如 Ejermo 和 Karlsson（2006）通过公里距离测量主体间的地理邻近；Hoekman、Frenken、van Oort（2009）采用两地间中心点之间的直线距离测度；Pablo D'Este等（2011）用两地距离平方根的倒数表示地理邻近；Scherngell&Barber（2009）通过球面距离，即球面上两点之间的最短连线，即经过这两点的大圆上，这两点间劣弧的长度表示地理邻近。曾德明等（2014）是以距离尺度为等级的定序变量表示地理邻近的程度。另外一些学者认为"远"或"近"更多的是一种感知，因此，除了公里距离还应该考虑主体的主观感受，即感知距离（Boschma，2005；Hoekman，2009；Torre & Rallet，2005），如 Torre 和 Rallet（2005）采用运输成本、运输时间和感知距离来测度地理邻近。李琳（2014）通过名义地理邻近（用虚拟分类来表示）、空间地理邻近（公里距离）、功能地理邻近（交通时间）测度集群中企业的地理邻近程度。Ajay Agrawal 等（2008）与大多数研究不同，他们不是直接测量距离，而是采用了一种间接测量的方法。他们认为，随着地理邻近程度的降低，专利引用频次会减少，因此采用"专利引用"数据测度地理邻近。有的以集聚群体如城市群、产业集群作为一个地理单元（一元距离）进行测度，李琳和韩宝龙（2010）从一元层面采用集群单位面积的从业人数衡量产业集群的地理邻近。

由于产业集群中企业及其他组织数量众多，两两测度的方法不仅很繁杂，并且不如从集群整体层面反映主体间的地理邻近水平更清晰。因此，本研究借鉴李琳和韩宝龙（2010）的测度方法，从一元层面测度集群中主体间的地理邻近，用产业集群单位面积上的企业数即企业密度或产业集群单位面积上的就业人数即人员密度表示。由于企业规模大小不同，大规模企业与中小企业在占地面积上有较大差异。为了能够更客观地表征地理邻近，本研究采用后者表示产业集群的地理邻近水平，具体测算公式见表5-3。

（2）认知邻近的测度。认知邻近是主体在知识基础和专业技术等方面的相似性（Asheim & Coenen，2005）。由于所研究问题的不同，不同学者对认知邻近的测度也不同。Asheim 等（2011）从综合的、分析的、符号的三种知识基来测度认知邻近，这主要是测度个体间知识方面相似性，没有包含本研究认知邻近中技术邻近的部分，不能反映本研究所指的认知邻近。Pierre - Alexandre Balland（2012）认为可以通过企业最终产品的技术距离、专业背景、知识的类型等来测度。还有很多学者（Both Wuyts，2005；Victor Gilsing，Bart Nooteboom，2006；Gilsing，2008）采用皮尔逊相关系数计算区域间的认知邻近。李琳（2014）从产品技术邻近性、应用领域邻近、员工认知邻近三个方面测度认知邻近，显然，这里的认知邻近包括了技术邻近。这三种测度方法虽然有所不同，但主要都是从知识和技术两方面来测度。基于此，本研究也认为，知识基础和专业技术水平在很大程度上能够反映主体间的认知邻近程度。从知识基础方面来看，学历往往能够代表一个人的基础认知水平，相近的受教育水平使企业员工具备了相近的知识编码和解码能力，在沟通和交流过程中，更易于对知识进行识别、理解、吸收、整合；从专业技术方面来看，专业技术等级、工作经验等能够反映一个人的技术水平。集群主体间的认知邻近更多通过个体的人的认知邻近水平反映出来。因此，产业集群认知邻近水平的程度，主要取决于集群中人力资源的数量和质量。本研究用硕士和博士学位人数占比、5年以上软件产业从业人员占比来测度产业集群的认知邻近水平。具体测算公式见表5-3。

（3）制度邻近的测度。制度邻近是指集群主体间交互学习的共同规则，即相近的法律、政策、组织管理规则等正式制度，以及相似的文化、习惯、语言等非正式制度。现有对制度邻近研究的文献较少，有一些学者对区域之间的制度邻近进行了测度。Ejermo 和 Karlsson（2006）、Hoekman（2009）通过虚拟变量来反映制度邻近，若两区域属于同一国家，则取1，否则取0。弓志刚（2015）通过市场化程度和地方保护程度测量区域间的制度邻近性。目前尚没有对集群制度邻近进行定量测度的研究。本研究沿用地理邻近、认知邻近的测度思路，尝试从一元层面测度产业集群制度邻近水平。由于集群处于某一特定区域，而同一区域的习惯、语言等非正式制度相似度很高，包括法律等宏观政策也高度一致。因此，产业集群的制度邻近水平在很大程度上取决于政府对产业集群的税收、财政、知识产权保护等政策。有研究表明，税收、财政、金融等政策对改善和刺激技术创新具有越来越重要的作用（李苗苗和肖洪钧，2015）。同时，考虑数据的可得性，本研究主要从财政制度、税收制度来测算产业集群制度邻近水平（具体见表5-3）。

表5-3 变量设定及测算方式

变量		指标	测度
解释变量	地理邻近	集群企业密度	集群企业数/现有占地面积
		集群就业人员密度	集群年底总人数/现有占地面积
	认知邻近	硕士以上学历从业人员比重	（硕士+博士）/认定软件企业人数
		较高技术水平从业人员比重	5年以上经验的软件从业人数/认定软件企业人数
	制度邻近	减免税总额占比	（减免税总额+政府部门补贴）/净利润
		政府部门补贴占比	
控制变量		经济发展水平	集群所在城市的人均GDP
		集群规模	集群总人数
调节变量		对创新活动的支持力度	集群科技活动经费支出总额
被解释变量		集群创新绩效	新产品销售收入
			自主版权软件收入

5.2.3.3 控制变量

产业集群创新是一个复杂的过程，产业集群的创新绩效受诸多因素的影响。除了多维邻近这一内在结构因素外，还存在一些外部变量也会影响到产业集群的创新绩效。本研究主要关注多维邻近对产业集群创新绩效的影响，应将其他影响因素作为控制变量进行考虑。首先,产业集群的发展必然会受到整个经济形势,特别是当地经济发展水平的影响,因此,将产业集群所在城市的经济发展水平作为控制变量引入模型。其次,学者们在研究企业创新绩效时,一般认为,企业规模对创新绩效有影响(Cohen & Levinthal,1990),通常用就业人数表示企业规模(Ahuja,2000)。在前文关于产业集群创新绩效文献回顾中已看到,很多学者认为集群企业的创新绩效能够反映集群的绩效。基于此,本研究认为,产业集群规模对集群的创新绩效有影响,也应将其作为控制变量。产业集群规模采用集群就业人数来表示,并且用定序变量,分为六个级别,具体是:1 代表 1 万人以下,2 代表 10000 ~ 50000 人,3 代表 50001 ~ 100000 人,4 代表 100001 人 ~ 150000 人,5 代表 150001 人 ~ 200000 人,6 代表大于 200000 人。

5.2.3.4 调节变量

用产业集群科技活动经费支出反映集群对创新活动的支持程度,具体见 5.2.1。

5.2.4 假设检验与结果分析

本研究中各变量的均值、标准差和相关系数见表 5-4,可以看出,创新绩效与各个自变量、控制变量和调节变量呈显著的正相关关系。

表 5-4 各变量的描述性统计和相关系数

变量	均值	标准差	1	2	3	4	5	6	7
1. 创新绩效	6.892	0.632	1.000						
2. 集群规模	2.609	1.342	0.812 ***	1.000					
3. 人均 GDP	4.807	0.223	0.492 ***	0.470 ***	1.000				
4. 地理邻近	2.898	1.413	0.418 ***	-0.296 ***	-0.092	1.000			

续表

变量	均值	标准差	1	2	3	4	5	6	7
5. 认知邻近	1.894	0.177	0.114*	-0.001	-0.108*	-0.127*	1.000		
6. 制度邻近	0.905	0.057	0.262***	0.235***	0.202***	-0.235***	-0.129*	1.000	
7. 支持力度	6.134	0.695	0.894***	0.852***	0.578***	-0.385***	-0.032	0.354***	1.00

注：*表示 $P<0.1$，**表示 $P<0.05$，***表示 $P<0.01$。

采用层次回归分析方法，利用软件 SPSS 20.0，分别研究产业集群的形成期、成长期、成熟再造期多维邻近对产业集群创新绩效的影响。首先，将控制变量引入回归方程，每个时期的模型 1 是控制变量对被解释变量创新绩效的回归模型；其次，将自变量及调节变量引入回归方程，每个时期的模型 2 是在控制变量的基础上加入自变量地理邻近、认知邻近和制度邻近以及调节变量，研究主效应对被解释变量的影响；最后，在回归方程中引入调节变量与解释变量的交互项，模型 3、模型 4 和模型 5 是在主效应模型中逐个引入交互项来研究调节变量的调节效应。为了避免交互项与解释变量和控制变量之间的多重共线性问题，将三个解释变量和调节变量分别进行中心化后再对应相乘。下面分别对不同时期的结果进行分析。

5.2.4.1 形成期

形成期的回归结果见表 5-5。通过模型 MA1 可以看出，集群规模与产业集群创新绩效显著正相关，但当地人均 GDP 对产业集群创新绩效的影响不显著，表明在集群形成期，由于地理邻近所带来的规模效应开始显现，但集群与当地经济间的联系还较少，受当地经济发展水平的影响还不明显。从模型 MA2 的结果可知，在控制变量的基础上加入地理邻近、认知邻近、制度邻近以及调节变量后，模型的解释力显著提高（$R^2=0.805$），说明解释变量和调节变量的解释能力很强。地理邻近和认知邻近显著影响产业集群创新绩效（$P<0.1$），制度邻近没有通过显著性检验，进一步比较标准化系数的大小可知，地理邻近（β =

0.150)比认知邻近（β=0.128）对产业集群创新绩效的影响更大一些。因此，形成期地理邻近对产业集群创新绩效的影响最大，假设1得到支持。同时，认知邻近对产业集群创新绩效也开始发挥作用，但制度邻近的作用不明显。模型 MA3 是在主效应模型 MA2 的基础上，引入创新活动支持力度与地理邻近的交互项，模型的解释力显著提高（$\Delta R^2 = 0.037$），并且交互项通过显著性检验（$P < 0.01$），说明创新活动支持力度显著正向调节地理邻近与产业集群创新绩效的关系，支持了假设 4a。MA4 是将创新活动支持力度与认知邻近的交互项引入主效应模型，MA5 是将创新活动支持力度与制度邻近的交互项引入主效应模型，两个模型的交互项都没有通过显著性检验，表明形成期创新活动支持力度对于认知邻近和制度邻近的调节作用不明显。

表5-5 形成期集群创新绩效的多因素回归结果

	形成期				
	MA1	MA2	MA3	MA4	MA5
人均 GDP	0.139	0.150	0.163*	-0.154	-0.131
集群规模	0.664***	0.091	0.196*	0.076	0.083
地理邻近		0.150*	0.039	0.155*	0.176**
认知邻近		0.128*	0.078	0.126*	0.126*
制度邻近		0.017	0.071	0.018	0.060
创新活动支持力度		0.899***	0.791***	0.917***	0.917***
支持力度 * 地理邻近			0.291***		
支持力度 * 认知邻近				-0.031	
支持力度 * 制度邻近					0.122
R^2	0.231	0.805	0.842	0.806	0.816
Adj. R^2	0.209	0.775	0.812	0.770	0.781
ΔR^2	—	0.574	0.037	0.001	0.011
F	23.785***	26.212***	28.158***	21.991***	23.398***

注：表中所示的是标准化回归系数，*表示 $P < 0.1$，**表示 $P < 0.05$，***表示 $P < 0.01$，MA3、MA4、MA5 中的数据是与 MA2 相比较的。

为了更加直观地反映创新活动支持力度对地理邻近与产业集群创新绩效的调节作用，选取集群科技活动经费支出在均值以上和以下各一个标准差的数值，以及地理邻近的最大值和最小值，代入回归方程后得到的创新绩效的预测值组合成的四个点，画出科技活动经费支出对地理邻近与产业集群创新绩效关系的调节效应图（见图 5-4）。

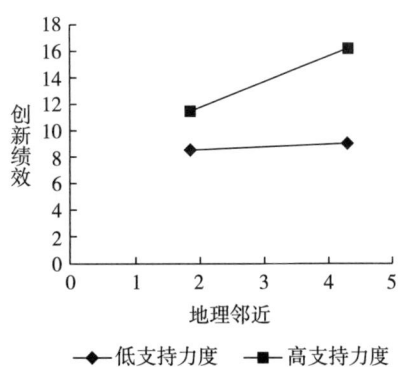

图 5-4　创新活动支持力度对地理邻近与创新绩效的调节作用

从图 5-4 可以看出，对于高的科技活动经费支出，地理邻近和产业集群创新绩效之间呈现出强的正向关系，而对于低的集群科技活动经费支出，地理邻近对产业集群创新绩效的正向作用较弱。这清晰地表明，在产业集群形成期，创新活动支持力度显著正向调节地理邻近与产业集群创新绩效的关系。

5.2.4.2　成长期

成长期的回归结果见表 5-6。

表5-6 成长期集群创新绩效的多因素回归结果

	成长期				
	MB1	MB2	MB3	MB4	MB5
人均GDP	0.206***	0.002	-0.002	0.009	0.002
集群规模	0.723***	0.234***	0.260***	0.226***	0.241***
地理邻近		0.057**	0.017	-0.067	-0.059
认知邻近		0.210***	0.196***	0.224***	0.210***
制度邻近		0.010	0.017	0.014	0.004
创新活动支持力度		0.625***	0.595***	0.616***	0.609***
支持力度*地理邻近			0.116*		
支持力度*认知邻近				0.330**	
支持力度*制度邻近					-0.025
R^2	0.283	0.840	0.846	0.840	0.840
Adj. R^2	0.276	0.828	0.834	0.827	0.827
ΔR^2	—	0.557	0.006	0.017	0
F	96.963***	75.042***	66.869***	63.917***	63.782***

注：表中所示的是标准化回归系数，*表示P<0.1，**表示P<0.05，***表示P<0.01，MB3、MB4、MB5中的数据是与MB2相比较的。

通过模型MB1可以看出，集群规模和当地人均GDP与产业集群创新绩效都显著正相关，但二者相比，集群规模比当地人均GDP对产业集群创新绩效的影响更大。这个结果在一定程度上表明，随着集群规模的迅速扩大，集群的规模效应在集群成长期更加明显地体现出来了，并且集群创新活动也逐渐融入当地的经济活动，受到当地经济发展水平的影响。模型MB2的结果显示，在控制变量的基础上加入地理邻近、认知邻近、制度邻近以及调节变量后，模型的解释力显著提高（$\Delta R^2 = 0.557$），说明解释变量和调节变量的解释能力很强。在三种邻近中，认知邻近对产业集群创新绩效的影响很显著（P<0.01），地理邻近对产业集群创新绩效的影响显著（P<0.05），制度邻近没有通过显著性检验。这表明在成长期认知邻近对产业集群创新绩效的影响最明显，假设2得到支持。同时，地理邻近仍然发挥较为明显的作用，但制度邻近的作用还不明显。模型MB3是在主效应模型MB2的基础上，引入创新活动支持力度与地理邻近的交互项，模

型的解释力虽然没有显著提高（$\Delta R^2 = 0.006$），但交互项通过显著性检验（$P < 0.1$），表明在成长期创新活动支持力度还显著正向调节地理邻近与产业集群创新绩效的关系。MB4 是将创新活动支持力度与认知邻近的交互项引入主效应模型，模型的解释力显著提高（$\Delta R^2 = 0.017$），并且交互项通过显著性检验（$P < 0.01$），说明在成长期创新活动支持力度显著正向调节认知邻近与产业集群创新绩效的关系，假设 4b 得到支持。MB5 是将创新活动支持力度与制度邻近的交互项引入主效应模型，没有通过显著性检验，创新活动支持力度对制度邻近的调节作用不显著。结果表明，在产业集群成长期，创新活动支持力度能够加强认知邻近和地理邻近作用的发挥。

为了更加直观地反映创新活动支持力度对认知邻近与产业集群创新绩效的调节作用，采用与图 5-3 相同的方法，画出调节效应图（见图 5-5）。

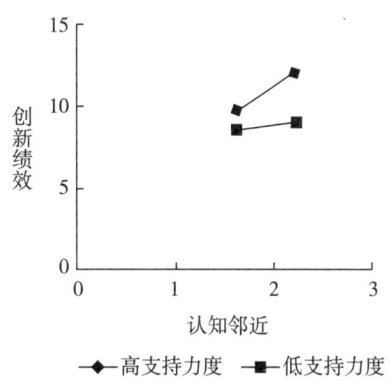

图 5-5　创新活动支持力度对认知邻近与创新绩效的调节作用

从图 5-5 可以看出，对于高的集群科技活动经费支出，认知邻近与产业集群创新绩效之间呈现出强的正向关系，而对于低的集群科技活动经费支出，认知邻近对产业集群创新绩效的正向作用较弱。可见，在产业集群成长期，集群创新活动支持力度显著正向调节认知邻近与产业集群创新绩效的关系。

5.2.4.3 成熟再造期

成熟再造期的回归结果见表 5-7。模型 MC1 的结果表明，集群规模与产业集群创新绩效显著正相关，但当地人均 GDP 对产业集群创新绩效的影响不显著。这一结果表明，成熟再造期，集群的规模效应非常明显，集群内部以及与外部的联系形成了较为稳定的创新网络，集群受当地经济发展水平的影响较小。从模型 MC2 的结果可以看出，在控制变量的基础上加入地理邻近、认知邻近、制度邻近以及调节变量后，模型的解释力显著提高（$\Delta R^2 = 0.705$），说明解释变量和调节变量的解释能力很强。在三种邻近中，制度邻近对产业集群创新绩效的影响很显著（$P < 0.05$），地理邻近和认知邻近没有通过显著性检验，表明在成熟再造期，制度邻近对产业集群创新绩效的影响最大，假设 3 得到支持。另外，发现认知邻近的系数为负，表明这个阶段认知邻近与产业集群创新绩效负相关，可能是由于成熟期产生了过度的认知邻近，不利于产业集群创新。模型 MC3、模型 MC4、模型 MC5 是在主效应模型 MB2 的基础上，分别引入创新活动支持力度与地理邻近、认知邻近、制度邻近的交互项，结果都不显著，表明成熟再造期创新活动支持力度对于多维邻近与产业集群创新绩效关系的调节作用不明显，假设 4c 没有得到支持。

表 5-7 成熟再造期集群创新绩效的多因素回归结果

	成熟再造期				
	MC1	MC2	MC3	MC4	MC5
人均 GDP	0.153	0.071	0.065	0.044	0.065
集群规模	0.986***	0.398	0.437	0.428	0.407
地理邻近		0.008	0.038	0.015	-0.002
认知邻近		-0.043	-0.010	-0.027	-0.039
制度邻近		0.171**	0.154*	0.174**	0.171**

续表

	成熟再造期				
	MC1	MC2	MC3	MC4	MC5
支持力度		1.374	1.371***	1.390***	1.375***
支持力度*地理邻近			0.084		
支持力度*认知邻近				0.042	
支持力度*制度邻近					0.016
R^2	0.234	0.939	0.942	0.940	0.940
Adj. R^2	0.217	0.917	0.916	0.912	0.911
ΔR^2	—	0.705	0.003	0.001	0.001
F	50.155***	41.403***	35.120***	33.621***	33.367***

注：表中所示的是标准化回归系数，*表示 $P<0.1$，**表示 $P<0.05$，***表示 $P<0.01$，MC3、MC4、MC5 中的数据是与 MC2 相比较的。

5.3 结果讨论

5.3.1 创新活动支持力度的调节作用

实证分析结果表明，关于调节变量的假设没有全部通过检验，仅部分得到了支持。其中，在成熟再造期，集群创新活动经费支持正向调节多维邻近与产业集群创新绩效关系的假设没有通过显著性检验。究其原因，可能是由于产业集群发展到成熟再造期，产生了过度的认知邻近，导致集群被锁定在它先前成功的发展路径上（Menzel & Fornahl, 2010），而规则的不灵活或者统一的约束，又阻碍了创新能力的提高（Porter, 2000）。过度的认知邻近使集群"锁定"，政府部门的创新活动经费支持难以打破这种锁定。也就是说，在认知锁定的情况下，仅靠加大一些投入很难激发创新活力。这个时期更需要的是改变现有的发展路径,通过整合新的外部知识和技术,增加集群的异质性,引进新鲜血液,更新集群或者转型至不同的领域（Max – Peter Menzel,2007）。

另外,还有一个新的发现:在产业集群成长期,创新活动经费支持不仅对认知邻近与产业集群创新绩效关系的调节作用显著,对地理邻近与产业集群创新绩效的调节作用也显著。这一结果表明,对处于成长期的产业集群来说,虽然认知邻近起主导作用,但地理邻近对于产业集群创新仍然具有明显作用。在集群成长期,地理邻近的作用进一步加强,促进集群主体间的频繁交流,还有利于集群主体与周边组织建立合作,拓宽了产业集群创新的路径（李琳,2014）。科技活动经费支出能够进一步激发产业集群创新活力,进而加强地理邻近作用的发挥。

5.3.2 多维邻近对集群创新的动态影响

在产业集群演进过程中,多维邻近在不断变化,多维邻近对产业集群创新的作用也是动态变化的。

在形成期,制度邻近水平较低,对产业集群创新没有明显作用。地理邻近对产业集群创新的作用很显著。此结果表明,在这一阶段,地理邻近对产业集群创新起主导作用,产业集群的创新优势主要来源于地理邻近带来的成本优势和观察模仿学习,但这些不会带来创新能力的根本改变,因此,产业集群创新绩效水平较低。Torre 和 Gilly（1999）、Spain ángela Rocío Vásquez – Urriago 等（2016）研究也表明了地理邻近在促进最初联系时的重要性。通过回归结果发现,在集群形成期,认知邻近对产业集群创新绩效的作用也是显著的,只是不如地理邻近的作用显著。这反映出,在集群形成期认知邻近对产业集群创新已经发挥作用。尽管在形成期集群主体间的联系非常少,认知邻近发挥作用的机会较少,但即使是模仿与观察，如果行为主体间存在适度的认知邻近，则对于无意的知识溢出也更容易理解和默会。

在成长期，集群主体间的联系与信任逐步建立，技术或业务的相近使它们更愿意也更易于交流（Cassi & Plunket，2014），各种正式合作和非正式交流日益频繁，知识溢出、吸收、整合、创新、再溢出，知识不断地循环流动与溢出，产业集群的创新能力和创新绩效极大地提高。这一阶段认知邻近起主导作用，认知邻近的作用得以充分体现，同时地理邻近和制度邻近程度逐渐提高，特别是地理邻近仍然发挥较为明显的作用，产业集群创新绩效持续增加。

在成熟再造期，认知邻近与产业集群创新绩效负相关，而地理邻近并没有如理论分析的那样出现负相关。结合现实情况来考虑，中国的产业园区、科技园等几乎没有出现企业拥挤的现象，相反，大多数园区工作场所宽敞，环境优美，没有出现过度的地理邻近。而认知邻近与产业集群创新绩效负相关，表明集群中出现了过度的认知邻近，不利于产业集群的创新发展，这一点与实际情况是相符合的。在访谈中发现，一些园区企业同质化现象较为严重，过度的认知邻近已经成为制约其进一步发展的因素。而与此同时，产业集群各项制度趋于成熟，产业集群文化逐渐形成，集群主体间的制度邻近程度增强，共同的规则促进了集群主体间思想的交换，共享的文化、共同的愿景促进了知识的整合（Mourad & Dirk，2003），制度邻近在约束恶性竞争等不良行为、引导集群企业加强与外部联系等方面也发挥重要作用，有利于打破认知锁定，使产业集群持续焕发活力，这一阶段制度邻近起主导作用。

结合第4章机制分析，可以得出更为具体和深化的产业集群演化过程中多维邻近对集群创新协同作用的理论框架（见图5-6）。

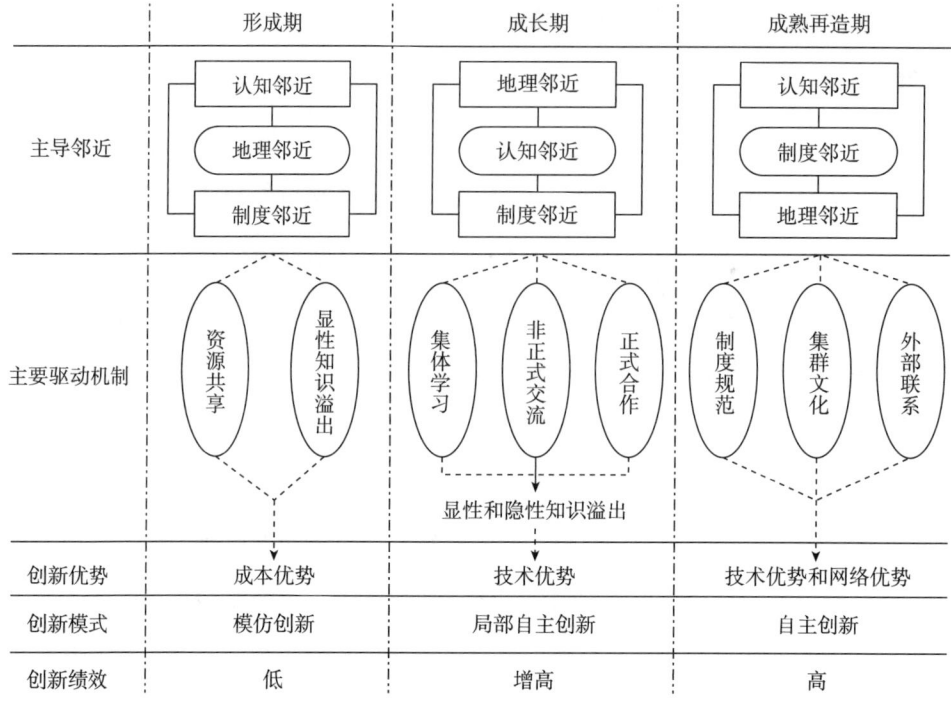

图 5-6 产业集群演化不同阶段多维邻近对集群创新的协同作用模型

5.4 主要结论

基于产业集群演化不同阶段多维邻近动态变化的特点，本章探索性地研究了多维邻近对产业集群创新的动态影响。综合上述结果与讨论，得出如下结论：

第一，在产业集群演化发展的不同阶段，地理邻近、认知邻近、制度邻近是动态变化的，各种邻近的发展水平不同，对产业集群创新的作用也不同。在产业集群形成期，认知邻近和制度邻近水平较低，产业集群的创新优势主要来源于地理邻近带来的成本优势,这一阶段地理邻近对产业集群创新起主导作用。在成长期,集群主体间的联系与信任逐步建立,认知邻近的作用得以充分体现,技术或业务的相近使它们更愿意也更易于交流,知识不断地循环流动与溢出,产业集群的创新能力和创新绩效极大地提高,这一阶段认知邻近起主导作用,同时地理邻近和制度邻近程度逐渐提高。在成熟再造期,集群企业数的增多,集群主体间认知势差减小,可能导致认知"锁定"现象,同时各项制度趋于成熟,这一阶段制度邻近起主导作用。

第二,管理部门对产业集群创新活动的支持,在多维邻近与产业集群创新绩效之间具有调节作用。在产业集群发展的不同阶段,其调节作用不同。在产业集群形成期,创新活动经费支持能够加强地理邻近对产业集群创新的作用;在成长期,创新活动经费支持对地理邻近、认知邻近作用的发挥都具有积极作用;在成熟再造期,创新活动经费支持难以促进多维邻近对产业集群创新作用的发挥。

5.5 本章小结

本章采用层次回归分析方法,分别从产业集群形成期、成长期、成熟再造期三个阶段研究多维邻近对产业集群创新的动态影响,识别出了产业集群演进发展的不同阶段起主导作用的邻近,并且分析了创新活动支持力度对二者关系的调节作用。需要注意的是,在产业集群发展的不同阶段,起主导作用的邻近并不是唯一起作用的邻近,其他邻近也在发挥作用,只是没有主导邻近的作用显著而已。在每一个阶段,三种邻近都或多或少起作用,只是在不同阶段,各种邻近的发展水平不同,发挥作用的大小亦不同。

第 6 章
基于多维邻近视角的产业集群创新发展政策建议与展望

产业集群作为一个创新系统,其创新发展会受到多种因素的影响,但决定系统功能或行为的不仅是要素本身,还是要素间的结构。本书基于多维邻近视角对产业集群创新的研究,就是从产业集群主体间空间、认知、制度的结构来揭示产业集群创新的机理。基于前面的理论分析与实证研究结果,本章从优化产业集群多维邻近为出发点,以促进产业集群创新发展为目的,提出几点政策建议,以期为相关部门提供参考。

6.1 政策建议

6.1.1 根据集群发展的不同阶段制定相应的政策

在产业集群演化发展的不同阶段,各种邻近的程度及其对产业集群创新的影响是不同的。产业集群相关管理部门应该充分考虑集群主体间适度的邻近,在集群发展的不同时期，有针对性地制定相应的政策。

6.1.1.1 形成期

（1）合理选择入群企业，优化产业集群结构。现有很多政策致力于促进企业在地理上的集聚，寻求产业集群化发展，但并没有产生明显的协同效应，不少产业集群还仅仅停留在资源共享、成本降低等规模经济层面。主要原因之一就是，在建设产业集群时，仅仅考虑了企业的地理邻近，而没有更多关注这些企业间的认知邻近程度。单纯的地理邻近优势带来的收益不会是长久的，很难产生持续的创新和繁荣。政府管理部门应树立起新的集群概念，即将企业集聚的区域作为企业互动的地点。因为产业集群创新是通过集群主体间的互动来实现的，而仅靠企业地理上的邻近并不必然形成互动。产业间的关联、技术的相近、知识基础的相似，即认知邻近才是促使行为主体间发生联系的内在驱动力。制度的激励和引导对互动能起到一定的促进作用，但单凭外在的推动，其作用是很有限的。地理邻近、制度邻近只有在与认知邻近相互联系时，才能发挥出其邻近的优势。因此，政府在建设产业集群、产业园区或基地时，应有针对性地选择和引入企业，除了考虑单个企业的规模、所属行业、技术层次、员工素质等这些方面的情况，还要从产业集群的整体结构和布局上规划，考虑不同企业间的关联性、互补性、相似性，即在促进企业地理邻近的同时，考虑这些企业间适度的认知邻近，从入园之始，为集群企业间密切互动创造机会和条件。在一定的范围内，对集群企业进行适当的引导和选择是产业集群日后能否产生集聚效应的第一关。

（2）支持创新创业，助力中小企业创新起跑。在中国，很多产业集群都是由中小企业构成，这些中小企业自身的投资能力和发展规模有限，有时即使有好的项目和创意，也难以形成创新成果。在产业集群形成期，政府给予一定的支持对它们来说非常重要。根据前文研究结果，在形成期集群科技活动经费支出，能够促进地理邻近优势的充分发挥，增强集群的创新活跃度，激发集群企业的创新活力。因此，在产业集群形成初期，当地政府部门可以通过对研发补贴、大型设备购置等方式，政府部门通过补贴的方式促成技术交易，可以直接补贴到技术转让的价格中，也可以补贴给出售者或购买者，还可以几种方式配合使用，目的在于保证创新企业或机构获得平均资本回报率的同时，使中小企业能够买得起技术或设备等。这种做法可能会干扰市场价格机制，但与发展初期中小企业难以形成技术交易的困境相比，代价还是较低的（蒋东仁，2006；杨皎平，2015）。这种方式可能造成一些中小企业坐、等、靠、要的依赖思想，这需要政府在设立这些资助政策时，同时建立相应的配套激励和约束机制，比如通过设定时间限制、建立绩效考核及奖惩办法等措施加以引导，或者要求企业进行资金配套，使政府资金能够发挥杠杆效应，以较少的资金带动集群企业尽快步入创新轨道。

（3）加强基础设施建设，搭建创新平台。在形成期，企业最初集聚的吸引力主要来自于集群成本优势、完善的公共设施、完备的服务体系，如发达的通信、电力、道路等公共基础设施，信息网络体系、培训机构、技术咨询机构、采购中心、物流中心等健全的服务机构，不仅会吸引到更多的企业、大学、研发机构等技术供应者的加盟，从社会资源配置角度来看也更有效率。因为产业集群的主要特征就是专业化和规模化，集群企业大多是生产和经营同类或相似产品的，这些企业对设施设备的需求基本相同，比如软件产业集群的很多企业都需要大型的软件检测系统和设备、大型的数据库等，而几乎没有企业能够独立承担购买这些费用。由产业集群管理部门统一购置集群企业共同需要的大型仪器设备，不仅能够极大地降低集群创新成本、提高设备的利用效率，而且集群企业技术创新的辐射范围远比集群外企业的辐射范围大。

6.1.1.2 成长期

（1）建立多层次的培训体系，输送创新人才。随着产业集群的迅速成长，集群对各类人才的需求也不断增加，加快对人才的培训与开发是集群成长期的要

第6章 基于多维邻近视角的产业集群创新发展政策建议与展望

务之一。

第一，建立起产业集群通用的"人才池"。由于集群企业的地理邻近与认知邻近，使得集群内需要大量的"通用型"人才，管理部门应集中培养集群所需要的行业人才，针对这类人才建立起科学完备的培训与开发体系，为集群企业创新发展输送更多高质量的对口人才。

第二，注重对高级管理人才的培养与开发。集群企业高层管理人员的意识与观念在很大程度上决定了企业的发展方向，他们的管理技能又影响着企业的发展水平。在访谈中发现，很多集群企业之间几乎没有什么联系，主要原因就是"担心泄露企业的情况，怕对方知道自己在干什么"，这种观念非常不利于企业及集群整体的发展。因此，有必要对高层管理人员进行培训，帮助他们树立开放、包容、共享、创新的价值观念，解放"唯我独大"的保守思想，建立合作共赢的创新理念，打破集群企业间的这块"坚冰"，促进集群企业之间更多的交流与合作，鼓励形成互惠共享的开放商业氛围。同时，对高层管理人员进行管理技能的培训，建立领导加速站，培养企业家精神、领导艺术及方法，充分发挥他们作为"领头羊"的作用。

第三，强化对技术研发人员专业技能和新技术的培训，可以通过定期的职业技术培训和临时的新产品或新技术发布会等灵活多样的形式对核心技术人员进行培养和开发，使他们的技术和知识不断更新，紧跟国际技术前沿，掌握行业技术动态。使集群企业及时了解新技术、新产品、新设备，帮助他们吸收和消化新技术，提高应用新型技术和成果的兴趣，并且结合企业的具体情况对新技术或新产品进行深层次的开发和应用。

第四，在区域或集群内的企业、大学、研发机构等部门之间形成产学研合作的人才培养模式。依托集群所在区域的高等院校和科研机构，构建产学研体系，促进研发机构与集群企业的合作，包括研发项目合作、人才培养合作等，使研发机构的科研内容与企业的发展相互融合，实现高技术人才的培养与企业的人才需求有效衔接，为集群企业培养和输送更多高质量的对口人才。

第五，在内部培养的同时，注重外部人才的引进，通过技术入股、专利参股、项目合作等灵活多样的人才引进机制，吸引优秀人才加入，这是产业集群保持创新活力的有效途径。

总之，通过建立完善的人才培养与引进机制，确保集群企业对各类人才的数量和质量的需求。并且，通过人才培养，提高集群共享的知识存量，减少企业之间或员工之间的认知距离，使集群主体间拥有更多"共同语言"，为进行深入交流和合作奠定基础。

(2) 促进集群主体间的联系，构建创新网络。产业集群主体间的互动是集群创新的关键，而适度的认知邻近是有效互动的前提。因此，在产业集群成长期，应通过搭建各种平台加强集群主体间的联系，充分发挥认知邻近在集群创新过程中的主导作用，构建创新网络。集群管理部门应大力引导和支持集群成立各种正式和非正式的组织、协会、论坛等，加强内部的交流和合作，形成一种既有竞争又相互合作的共赢局面，培育开放的创新氛围。鼓励集群内部企业之间的合作，形成企业网络；鼓励产业集群内企业与研发机构、大学之间的合作，形成产学研合作网络；鼓励集群企业与集群内政府机构、中介服务机构、金融机构等部门之间的联系，形成服务合作网络等。各种网络相互交织，相互作用，逐步形成密切联系的产业集群创新网络。建立行业协会也是加强集群主体间联系的有效途径。除了这些正式的交流与合作渠道，还可以通过非正式的组织形式加强集群内部的联系。比如，充分发挥地理邻近和认知邻近的作用，利用集群中技术研发人员密集的优势，对集群中很多企业普遍存在的技术难题组织一起讨论、集体攻关，解决集群发展的瓶颈问题。在集群内定期或不定期举办本行业各种新技术、新产品、新设备、新工艺、新材料等展销会与演示会、信息发布会等，为集群主体间搭建技术交流和信息传播的平台。

6.1.1.3 成熟再造期

(1) 完善各项规章制度,营造创新环境。建立制度不是要约束企业的手脚,而是通过基本的制度来规范和引导集群主体的行为,确保良好的创新环境。首先,要建立完善的知识产权保护制度。对于集群中的中小企业来讲,由于创新投资风险大、集群中创新的外部效应较强等因素,使得中小企业投资的积极性并不是很高,低端模仿成为很多小企业赖以生存的主要途径,市场很快就被那些进行模仿的小企业低价占领了。如果没有基本的知识产权保护制度,那些花费大量资金和精力开发新产品企业的创新利益得不到保障,必然会降低企业创新的积极性,导致集群整体创新动力不足。而且很容易发生产权纠纷,造成时间、精力等各方面无端的内耗。其次,适度的财政税收政策支持。适度的财政税收政策支持有利于加大产业集群的黏性,有利于吸引新的企业、人才、资本的加入(曹休宁,2015)。比如,为鼓励集群企业进行技术创新,对研发费用的税额减免;对大学、科研机构科学研究和实验发展的税费减免等;对优秀高级技术人才所携带的项目进行适当的科研补贴或基金奖励等。通过这些政策,引进新的技术和人才,为产业集群注入新的活力。另外,完善企业融资制度、风险投融资制度等,形成充沛的风险资本及配套服务。同时,还可以推动产业集群内建立各类基金,如集群企业的贷款担保基金、重大创新补助基金、产业发展基金等,多渠道解决中小企业融资难的问题。

(2) 拓展外部联系管道,引入创新源泉。成熟期是产业集群能否持续发展和成功转型的关键时期。一方面,产业集群内部的分工合作网络业已形成,各种经济网络、关系网络、知识网络基本成熟而相对稳定,集群的创新能力较强。但这种盈利模式容易产生惯性,使集群主体滋生创新惰性而安于现状。另一方面,企业要想在全球价值链和全球生产网络中占有一席之地,并非易事,仅仅靠单个企业是很难实现的。这个时期政府相关管理部门应承担起产业集群内部和外部联系通道的角色,帮助集群企业加强与外部的联系,引入外部的创新资源和技术。由当地政府担任整个集群的代表将比任何一家企业更有力量,无论是谈判能力还是组织信誉,无论是合作网络的建立还是各项协议的达成,都要比单个企业更有优势。比如,帮助集群企业与外部创新组织或行业协会建立广泛的技术或市场联系;通过举办国际大型技术或行业会议,引导集群企业了解全球行业动态,技术发展趋势,创造与国际合作的机会,同时还能扩大集群品牌的知名度;也可以组织有能力和有潜力的企业先行参加国际有影响的论坛或会议,学习和吸收一些先进的技术和管理经验,为集群带来新鲜血液。从外部引入的创新资源和技术应成为集群创新的种子,通过集群强大的知识技术溢出和信息共享机制,使得这些技术和资源在集群内快速扩散,其他企业就可以利用这些较低成本获得的资源来提升自身的创新能力,打破集群内部地理邻近和认知邻近带来的"锁定",突破创新困境,增加集群主体的异质性,改善集群主体之间现有的生产网络模式,促使产业集群保持足够的活力和创新动能,建立动态的网络结构,以及不断扩展主题边界和空间边界。

6.1.2 注重各种邻近的协同作用

过高或过低的邻近都不利于集群创新,只有保持适度的邻近,集群中的地理邻近、认知邻近、制度邻近才能相辅相成,相得益彰。各种邻近的不同组合会产生不同的效果,在实际中要注意各种邻近间的相互作用和配合。

首先,在促进地理邻近的同时,注重企业间认知邻近的程度。在促进企业相同或相近行业的企业地理邻近的同时,要考虑企业的多样化和异质性。集群企业间的知识、技术有一定的"势差",才更容易"流动"。在访谈中发现,有些集群企业同质化严重,竞争远远大于合作,政府应引进一些与现有中小企业具有一定知识势差、技术势差的龙头企业,带动这些中小企业,将它们凝聚在一起,形成真正的集体学习和创新合力。而也有些集群知识势差、技术势差太大,企业间规模差距太大,比如 XA 软件园,园区内有个世界知名集团,在全国甚至世界各地都有分公司,像这类大规模的集团公司更多是总部与分部之间的合作,或者与集群之外的国际企业间的合作,一般很少与周围小企业发生联系。发生这种现象的原因之一就是认知势差过大造成难以沟通,缺乏共同的合作基础。因此,在建设产业集群过程中,不能盲目而单纯地仅仅实现企业在地理上的集中,应以认知邻近为基础来促进企业的地理邻近和制度邻近。

其次,要充分发挥制度作为黏合剂的作用。如何将集群中多维邻近所形成的隐性邻近势能转化为创新动能,需要通过有效的制度设计来触发和启动,激发集群主体内在的创新动机,形成一种自发而强大的互动创新力量。这就要把握好黏合的强度,在营造良好的集群文化和必要的政策法规条件下,使集群主体间留有足够的灵活性和多样性,使集群保持足够的弹性和活力。

6.1.3 建立长期的产业共生计划

促进产业集群创新发展的最终目的是为了区域乃至国家的经济社会发展。因此,从长期来看,产业集群的创新发展,不能仅注重同行业企业的集聚,而是要结合区域内的实际情况,统筹分析区域内产业之间的相互关联性以及在地理位置上的邻近性,从全盘进行规划和布局,因地制宜,构建产业共生网络,建立起长远的产业共生计划。产业共生通过对传统上独立的企业进行组合,促进这些企业间的合作,促使它们之间物质、能量、社会资源及副产品的交换,提高其竞争优势(Chertow,2000)。这些企业间的合作不仅是物质资源的交换与共享,还包括管理经验、技术、人力资源等无形资源方面的交流与合作。建立产业共生计划被认为是提高区域经济可持续发展的创新方法。通过地理邻近的人类行为在组织交界面的相互协作来获得发展潜力,产业共生网络内的相互协同链接网能够提高不同资源的使用效率与效益（Ken Green & Sally Randles 楚春礼和张琳，2010），节约资源、绿色环保是能够带来长期经济效益和社会效益的产业创新生态系统。在实施产业共生计划中，政府管理部门对于产业共生网络的发展和功能起着重要的作用，应充分承担起协调者的角色。首先是要识别区域的发展机会及其带来的效益，为区域内的产业集群发展提供及时的信息支持；其次是改变或消除产业共生网络形成和发展的制约因素，建立一个适宜的制度环境，使其更加有利于协同关系的形成。从长远来看，切实推动产业的创新发展、产业集群的创新发展、区域的创新发展，激发经济社会创新的潜力和活力，制度创新是根本。

6.2 研究局限与不足

本书对"多维邻近如何协同作用于产业集群创新"问题进行了探索性研究。在借鉴现有研究成果的基础上，积极进行实地调查了解，反复与理论和实践展开对话，不断进行深入思考，取得了一些有意义的研究结论。但由于研究问题本身的复杂性、数据的稀缺性以及个人能力的局限性，本研究还存在以下不足之处：

第一，考虑到数据的可得性，本研究仅选取软件产业集群为样本进行实证研究，没有对不同行业的集群进行分类比较研究。对于不同行业的产业集群，多维邻近对集群创新的作用机制是否也有差别，这有待于进一步研究。

第二，鉴于数据收集条件的制约，有一些变量的测度指标还有待进一步完善。制度包括正式制度和非正式制度，由于没有非正式制度方面的统计数据，本研究只考虑了正式制度的影响。在未来的研究中，可以通过实地调查、问卷调查等方法弥补统计数据的不足，以更全面、准确地反映实际状况。

第三，在分阶段研究中，成熟期的样本量略显不足。20世纪90年代以来，中国软件产业集群迅速发展,各地纷纷建立软件园、软件基地、科技园等,由于软件产品生命周期短、更新快等特点,经过20多年的发展,有一些软件产业集群蓬勃发展,日趋成熟。本研究采用产业集群规模、创新能力等方面的指标进行曲线拟合和动态聚类,结合对现实状况的了解,对产业集群的发展阶段进行研判,结果表明,成熟期的样本较少,这可能会影响成熟期研究结论的可靠性和稳定性。在后续的研究中,要继续跟踪样本产业集群的发展状况,收集相关数据,对现有结论的可靠性进一步验证。

6.3 未来的研究方向

充分认识到现有研究中的不足,就要从长计议,克服数据不足的最大难题,以进行更为深入和细致的研究。在本研究的基础上,未来可从以下几方面展开进一步的研究:

第一,进行单案例或多案例的长期纵向跟踪研究。案例研究基于实践提炼理论,更能根据事实说话,而对于产业集群的演化发展而言,有必要进行长期的跟踪记录,在一个更长时间的范围内,观察集群达到充分成熟、转型或衰落阶段多维邻近对集群创新的影响。

第二,对技术密集型产业集群与劳动密集型产业集群进行对比研究。由于不同行业的技术含量、组织特征等方面不尽相同,如高技术产业与传统产业之间有很大的差异。对于高技术产业集群来说,创新是其主要特征,认知邻近是集群创新的关键,但对于创新性低、标准化劳动为主的产业来说,技术的要求低,究竟哪种邻近更重要,各种邻近对产业集群创新的作用机制是否有差异,值得进一步展开研究。

第三，虚拟邻近对集群创新的影响。随着信息技术的快速发展，人们之间的交流方式也发生了很大的变化，科技似乎缩短了人们之间的距离，但虚拟世界的交流方式能够代替传统的面对面吗？虚拟邻近对集群创新会产生哪些效应？虚拟邻近与现实邻近又如何协同作用于集群创新？在后续的研究中，可以单独研究虚拟邻近，还可以将其纳入到现有的邻近框架中综合考虑。

6.4 本章小结

根据前面理论分析与实证研究的结果，提出促进集群创新发展的具体建议：首先，产业集群演化发展的不同阶段，各种邻近的程度及其对集群的影响是不同的，因此不同阶段的政策应有针对性，在集群形成期应根据集群整体的人才结构、行业结构、规模结构等方面统筹考虑来引进企业，目的是为了使集群主体间保持适度的邻近，为日后主体间的互动提供可能。通过基础设施建设和研发支持尽快使中小企业步入创新轨道，触发集群整体的创新动力；在成长期，以提高认知邻近、加强行为主体间的交流和合作为目标，通过搭建各种平台促进创新网络的形成；在成熟期，应以营造创新的良好环境和激发集群的创新活力两方面来发力，以防止集群锁定。其次，要注意根据各种邻近所扮演的角色不同，进行适当的组合，来促进各种邻近充分地发挥作用。最后，要促进集群或区域的长期发展，必须要有长期的战略计划，要从整体出发根据产业间关联、地理位置，因地制宜地布局区域内的产业。

参考文献

[1] Healy A, Morgan K J. Spaces of Innovation: Learning, Proximity and the Ecological Turn [J]. Regional Studies, 2012, 46 (8): 1041-1053.

[2] Agrawal A, Kapur D, Mchale J. How do Spatial and Social Proximity Influence Knowledge flows? Evidence from Patent Data [J]. Journal of Urban Economics, 2008, 64 (2): 258-269.

[3] Agrawal A, Cockburn I, Mchale J. Gone But Not Forgotten: Knowledge Flows, Labor Mobility, and Enduring Social Relationships [J]. Social Science Electronic Publishing, 2006, 6 (5): 571-591.

[4] Aguilera A, Lethiais V, Rallet A. Spatial Proximity and Intercompany Communication: Myths and Realities [J]. European Planning Studies, 2015, 23 (4): 798-810.

[5] Amin A, Cohendet P. Learning and Adaptation in Decentralised Business Networks [J]. Society & Space, 1999, 17 (1): 87-104.

[6] Amin A, Thrift N. Globalisation, Institutional "Thickness" and the Local Economy [J] //Healey P S, et al. Managing Cities: The New Urban Contest [C]. Chichester: Wiley, 1995: 92-108.

[7] Ángela Rocío Vásquez-Urriago, et al. Science and Technology Parks and Cooperation for Innovation: Empirical Evidence from Spain [J]. Research Policy,

2016, 45 (1): 137-147.

[8] Audretsch D B, Feldman M P. Innovative Clusters and the Industry Life Cycle [J]. Review of Industrial Organization, 1996, 11 (2): 253-273.

[9] Autio E, Hameri A P, Vuola O. A Framework of Industrial Knowledge Spillovers in Big-science Centers [J]. Research Policy, 2004, 33 (1): 107-126.

[10] Balland P A, Boschma R, Frenken K. Proximity and Innovation: From Statics to Dynamics [J]. Regional Studies, 2015, 49 (6): 907-920.

[11] Balland P A, José Antonio Belso-Martínez, Morrison A. The Dynamics of Technical and Business Knowledge Networks in Industrial Clusters: Embeddedness, Status, or Proximity? [J]. Economic Geography, 2016, 92 (1): 35-60.

[12] Basile R, Capello R, Caragliu A. Technological Interdependence and Regional Growth in Europe: Proximity and Synergy in Knowledge Spillovers [J]. Papers in Regional Science, 2012, 91 (4): 697-722.

[13] Bathelt H, Malmberg A, Maskell P. Clusters and Knowledge: Local Buzz, Global Pipelines and the Process of Knowledge Creation [J]. Progress in Human Geography, 2004, 28 (1): 31-56.

[14] Bjørn T Asheim, Coenen L. Knowledge Bases and Regional Innovation Systems: Comparing Nordic Clusters [J]. Research Policy, 2005, 34 (8): 1173-1190.

[15] Boschma R, Ter Wal A L J. Knowledge Networks and Innovative Performance in an Industrial District: The Case of a Footwear District in the South of Italy [J]. Industry and Innovation, 2007, 14 (2): 177-199.

[16] Boschma R, Frenken K. The Spatial Evolution of Innovation Networks: A Proximity Perspective [J]. Papers in Evolutionary Economic Geography, 2010 (0905).

[17] Boschma R, Oinas C P. Proximity and Innovation: A Critical Assessment [J]. Regional Studies, 2005, 39 (1): 61 – 74.

[18] Breschi S, Lissoni F. Knowledge Spillovers and Local Innovation Systems: A Critical Survey [J]. Industrial & Corporate Change, 2001, 10 (10): 975 – 1005.

[19] Bresnahan T, Gambardella A, Saxenian A. "Old Economy" Inputs for "New Economy" Outcomes: Cluster Formation in the New Silicon Valleys [J]. Industrial and Corporate Change, 2001, 10 (4): 835 – 860.

[20] Broekel T, Binder M. The Regional Dimension of Knowledge Transfers—A Behavioral Approach [J]. Industry and Innovation, 2007, 14 (2): 151 – 175.

[21] Broekel T, Boschma R. Knowledge Networks in the Dutch Aviation Industry: The Proximity Paradox [J]. Papers in Evolutionary Economic Geography, 2012, 12 (2): 409 – 433.

[22] Broekel T. The Co – evolution of Proximities – A Network Level Study [J]. Regional Studies, 2015, 49 (6): 921 – 935.

[23] Caler – Medina C, Noyons E. Combining Mapping and Citation Network Analysis for a Better Understanding of the Scientific Development: The Case of the Absorptive Capacity Field [J]. Journal of Informetrics, 2008 (4): 272 – 279.

[24] Callois J M. The Two Sides of Proximity in Industrial Clusters: The Trade – off Between Process and Product Innovation [J]. Journal of Urban Economics, 2008, 63 (1): 146 – 162.

[25] Campbell J L. Why Would Corporations Behave in Socially Responsible Ways? An Institutional Theory of Corporate Social Responsibility [J]. Academy of Management Review, 2007, 32 (3): 946 – 967.

[26] Capaldo A, Petruzzelli A M. Partner Geographic and Organizational Proximity and the Innovative Performance of Knowledge – Creating Alliances [J]. European Man-

agement Review, 2014, 11 (1): 63 - 84.

[27] Carrillo F J, Messeni Petruzzelli A, Albino V, et al. External Knowledge Sources and Proximity [J]. Journal of Knowledge Management, 2009, 13 (5): 301 - 318.

[28] Cassi L, Morrison A, Rabellotti R. Proximity and Scientific Collaboration: Evidence from the Global Wine Industry [J]. Tijdschrift Voor Economische En Sociale Geografie, 2015, 106 (2): 205 - 219.

[29] Cassi L, Plunket A. Proximity, Network Formation and Inventive Performance: In Search of the Proximity Paradox [J]. The Annals of Regional Science, 2014, 53 (2): 395 - 422.

[30] Cecere G, Ozman M. Innovation, Recombination and Technological Proximity [J]. Journal of the Knowledge Economy, 2014, 5 (3): 646 - 667.

[31] Chen L C, Lin Z X. Examining the Role of Geographical Proximity in a Cluster's Transformation Process: The Case of Taiwan's Machine Tool Industry [J]. European Planning Studies, 2014, 22 (1): 1 - 19.

[32] Chiesa V, Frattini F, Lazzarotti V, et al. Performance Measurement in R&D: Exploring the Interplay between Measurement Objectives, Dimensions of Performance and Contextual Factors [J]. R&D Management, 2009, 39 (5): 487 - 519.

[33] Christian R. Knowledge Flows Through Social Networks in a Cluster Interfirm versus University - Industry Contacts [J]. Structural Change & Economic Dynamics, 2009, 20 (3): 196 - 210.

[34] Cohen W M, Levinthal D A. Innovation and Learning: Two Faces of R&D [J]. Economic Journal, 1989, 99 (397): 569 - 596.

[35] Cohen W M, Levinthal D A. Absorptive Capacity: A New Perspective on Learning and Innovation [J]. Administrative Science Quarterly, 1990, 35 (1):

128 -152.

[36] Connell J, Kriz A, Thorpe M. Industry Clusters: An Antidote for Knowledge Sharing and Collaborative Innovation? [J]. Journal of Knowledge Management, 2014, 18 (1): 137 -151.

[37] Connell J, Voola R. Knowledge Integration and Competitiveness: A Longitudinal Study of an Industry Cluster [J]. Journal of Knowledge Management, 2013, 17 (2): 208 -225.

[38] Crescenzi R, Filippetti A, Iammarino S. Academic Inventors: Collaboration and Proximity with Industry [J]. Journal of Technology Transfer, 2017, 42 (4): 1 -33.

[39] Crescenzi R, Nathan M, et al. Do Inventors Talk to Strangers? On Proximity and Collaborative Knowledge Creation [J]. Research Policy, 2013, 45 (1): 177 -194.

[40] Crespo J, Vicente J. Proximity and Distance in Knowledge Relationships: From Micro to Structural Considerations Based on Territorial Knowledge Dynamics (TKDs) [J]. Regional Studies, 2016, 50 (2): 202 -219.

[41] Crespo J. How Emergence Conditions of Technological Clusters Affect Their Viability?Theoretical Perspectives on Cluster Life Cycles [J]. European Planning Studies, 2011, 19 (12): 2025 -2046.

[42] Dakhli M, De Clercq D. Human Capital, Social Capital, and Innovation: A Multi - country Study [J]. Entrepreneurship & Regional Development, 2004, 16 (2): 107 -128.

[43] D'Este Cukierman P, Guy F, Iammarino S. Shaping the Formation of University - Industry Research Collaborations: What Type of Proximity Does Really Matter? [J]. Papers in Evolutionary Economic Geography, 2011, 13 (4): 537 -558.

[44] Dettmann A, Von Proff S, Brenner T. Co – operation over Distance? The Spatial Dimension of Inter – organizational Innovation Collaboration [J]. Journal of Evolutionary Economics, 2015, 25 (4): 729 – 753.

[45] Eisenhardt K M. Making Fast Strategic Decisions in High – velocity Environments [J]. Academy of Management Journal, 1989, 32 (3): 543 – 576.

[46] Ejermo O, Karlsson C. Interregional Inventor Networks as Studied by Batent Coinventorships [J]. Research Policy, 2006, 35 (3): 412 – 430.

[47] Enright M J. Regional Clusters: What We Know and What We Should Know [J]. Advances in Spatial Science, 2003: 99 – 129.

[48] Feldman M P, Audretsch D B. R&D Spillovers and the Geography of Innovation and Production [J]. American Economic Review, 1996, 86 (3): 630 – 640.

[49] Fernández A, Ferrándiz E, León M D. Proximity Dimensions and Scientific Collaboration among Academic Institutions in Europe: The Closer, the Better? [J]. Scientometrics, 2016, 106 (3): 1073 – 1092.

[50] Frenken K, Van Oort F, Verburg T. Related Variety, Unrelated Variety and Regional Economic Growth [J]. Regional Studies, 2007, 41 (5): 685 – 697.

[51] Gallié, Emilie – Pauline. Is Geographical Proximity Necessary for Knowledge Spillovers within a Cooperative Technological Network? The Case of the French Biotechnology Sector [J]. Regional Studies, 2009, 43 (1): 33 – 42.

[52] Gebreeyesus M, Mohnen P. Innovation Performance and Embeddedness in Networks: Evidence from the Ethiopian Footwear Cluster [J]. World Development, 2011, 41 (3): 302 – 316.

[53] Geldes C, Felzensztein C, Turkina E, et al. How does Proximity Affect Interfirm Marketing Cooperation? A Study of an Agribusiness Cluster [J]. Journal of Business Research, 2015, 68 (2): 263 – 272.

[54] Geldes C, Heredia J, Felzensztein C, et al. Proximity as Determinant of Business Cooperation for Technological and Non – Technological Innovations: A Study of an Agribusiness Cluster [J]. Journal of Business & Industrial Marketing, 2017, 32 (1): 167 – 178.

[55] Gertler M S. Tacit Knowledge and the Economic Geography of Context, or the Undefinable Tacitness of Being (There) [J]. Journal of Economic Geography, 2003, 3 (1): 75 – 99.

[56] Gilsing V, Nooteboom B, Vanhaverbeke W. Network Embeddedness and the Exploration of Novel Technologies: Technological Distance, Betweenness Centrality and Density [J]. Research Policy, 2008, 37 (10): 1717 – 1731.

[57] Giuliani E, Bell M. The Micro – determinants of Meso – level Learning and Innovation: Evidence from a Chilean Wine Cluster [J]. Research Policy, 2005, 34 (1): 47 – 68.

[58] Giuliani E. The Selective Nature of Knowledge Networks in Clusters: Evidence from the Wine Industry [J]. Journal of Economic Geography, 2007, 7 (2): 139 – 168.

[59] Glaeser E L, Kallal H D, Scheinkman J A, et al. Growth in Cities [J]. Journal of Political Economy, 1992, 100 (6): 1126 – 1152.

[60] Grabber G. The Weakness of Strong Ties: The Lock – in of Regional Development in the Ruhr Area [J]//Grabber G. The Embedded Firm [M]. London: Routledge, 1993: 255 – 277.

[61] Grabher G. Cool Projects, Boring Institutions: Temporary Collaboration in Social Context [J]. Regional Studies, 2002, 36 (3): 205 – 214.

[62] Granovetter M. Economic Action and Social Structure: The Problem of Embeddedness[J]. American Journal of Sociology, 1985, 91 (3): 481 – 510.

[63] Hansen T. Substitution or Overlap? The Relations Between Geographical and Non-Spatial Proximity Dimensions in Collaborative Innovation Projects [J]. Regional Studies, 2015, 49 (10): 1672-1684.

[64] Hautala J. Cognitive Proximity in International Research Groups [J]. Journal of Knowledge Management, 2011, 15 (4): 601-624.

[65] Heringa P W, Horlings E, Mariëlle van der Zouwen, et al. How do Dimensions of Proximity Relate to the Outcomes of Collaboration? A Survey of Knowledge-Intensive Networks in the Dutch Water Sector [J]. Economics of Innovation & New Technology, 2014, 23 (7): 689-716.

[66] Herrmann A M, Taks J L, Moors E. Beyond Regional Clusters: On the Importance of Geographical Proximity for R&D Collaborations in a Global Economy - the Case of the Flemish Biotech Sector [J]. Industry and Innovation, 2012, 19 (6): 499-516.

[67] Hoekman J, Frenken K, Oort F V. The Geography of Collaborative Knowledge Production in Europe [J]. The Annals of Regional Science, 2009, 43 (3): 721-738.

[68] Hoekman J, Frenken K, Tijssen R J W. Research Collaboration at a Distance: Changing Spatial Patterns of Scientific Collaboration within Europe [J]. Research Policy, 2010, 39 (5): 662-673.

[69] Huber F. On the Role and Interrelationship of Spatial, Social and Cognitive Proximity: Personal Knowledge Relationships of R&D Workers in the Cambridge Information Technology Cluster [J]. Regional Studies, 2012, 46 (10): 1169-1182.

[70] Iammarino S, Mccann P. The Structure and Evolution of Industrial Clusters: Transactions, Technology and Knowledge Spillovers [J]. Research Policy, 2006, 35 (7): 1018-1036.

[71] Ingstrup M B, Damgaard T. Cluster Facilitation from a Cluster Life Cycle Perspective [J]. European Planning Studies, 2013, 21 (4): 556-574.

[72] Jackson J, Murphy P. Clusters in Regional Tourism an Australian Case [J]. Annals of Tourism Research, 2006, 33 (4): 1018-1035.

[73] Jaffe A B, Winter S G. Geographic Knowledge Spillovers as Evidenced by Patent Citations [J]. Quarterly Journal of Economics, 1993, 108 (3): 577-598.

[74] Jaffe A B. Real Effects of Academic Research [J]. American Economic Review, 1989, 79 (5): 957-970.

[75] Jones A, Search P. Proximity and Power within Investment Relationships: The Case of the UK Private Equity Industry [J]. Geoforum, 2009, 40 (5): 809-819.

[76] Jonsson O. Innovation Processes and Proximity: The Case of IDEON Firms in Lund, Sweden [J]. European Planning Studies, 2002, 10 (6): 705-722.

[77] Karlsen A, Nordhus M. Between Close and Distanced Links: Firm Internationalization in a Subsea Cluster in Western Norway [J]. Norsk Geografisk Tidsskrift - Norwegian Journal of Geography, 2011 (65): 202-211.

[78] Karlsen A, Nordhus M. Between Close and Distanced Links: Firm Internationalization in a Subsea Cluster in Western Norway [J]. Norsk Geografisk Tidsskrift - Norwegian Journal of Geography, 2011, 65 (4): 202-211.

[79] Kesidou E, Romijn H. Do Local Knowledge Spillovers Matter for Development? An Empirical Study of Uruguay's Software Cluster [C]. Eindhoven Center for Innovation Studies, 2008, 36 (10): 2004-2028.

[80] Kirat T, Lung Y. Innovation and Proximity Territories as Loci of Collective Learning Processes [J]. European Urban & Regional Studies, 1999, 6 (6): 27-38.

[81] Knoben J, Oerlemans L A G. Proximity and Inter-organizational Collabora-

tion: A Literature Review [J]. International Journal of Management Reviews, 2006, 8 (2): 71 – 89.

[82] Krugman P. Development, Geography, and Economic Theory [J]. Antoni Bosch, 1995, 4 (4): 595 – 599.

[83] Krugman P. Geography and Trade [M]. Cambridge, MA: MIT Press, 1991.

[84] Kuttim M. The Role of Spatial and Non – Spatial Forms of Proximity in Knowledge Transfer: A Case of Technical University [J]. European Journal of Innovation Management, 2016, 19 (4): 468 – 491.

[85] Lai Y L, Hsu M S, Lin F J, et al. The Effects of Industry Cluster Knowledge Management on Innovation Performance [J]. Journal of Business Research, 2014, 67 (5): 734 – 739.

[86] Lander B. Proximity at a Distance: The Role of Institutional and Geographical Proximities in Vancouver's Infection and Immunity Research Collaborations [J]. Industry & Innovation, 2015, 22 (7): 575 – 596.

[87] Laursen K, Salter A. Open Innovation: The Role of Openness in Explaining Innovation Performance among U. K. Manufacturing Firms [J]. Strategic Management Journal, 2006 (27): 131 – 150.

[88] Letaifa S B, Rabeau Y. Too Close to Collaborate? How Geographic Proximity Could Impede Entrepreneurship and Innovation [J]. Journal of Business Research, 2013, 66 (10): 2071 – 2078.

[89] Lundquist K J, Trippl M. Distance, Proximity and Types of Cross – border Innovation Systems: A Conceptual Analysis [J]. Regional Studies, 2011 (3): 1 – 11.

[90] Man A P D, Duysters G. Collaboration and Innovation: A Review of the Effects of Mergers, Acquisitions and Alliances on Innovation [J]. Technovation, 2005,

25 (12): 1377 – 1387.

[91] Marcela Ramírez Pasillas. International Trade Fairs as Amplifiers of Permanent and Temporary Proximities in Clusters [J]. Entrepreneurship & Regional Development, 2010, 22 (2): 155 – 187.

[92] Marrocu E, Paci R, Usai S. Proximity, Networks and Knowledge Production in Europe [M]. Social Science Electronic Publishing, 2011.

[93] Marshall A. Principles of Economics [M]. London: Macmillan, 1890.

[94] Martin R, Sunley P. Conceptualizing Cluster Evolution: Beyond the Life Cycle Model? [J]. Regional Studies, 2011, 45 (10): 1299 – 1318.

[95] Martin R, Sunley P. Conceptualising Cluster Evolution: Beyond the Life – Cycle Model? [J]. Regional Studies, 2011, 45 (10): 1299 – 1318.

[96] Martin R, Sunley P. Path Dependence and Regional Economic Evolution [J]. Papers in Evolutionary Economic Geography, 2006, 6 (4): 395 – 437.

[97] Martin R, Sunley P. Deconstructing Clusters: Chaotic Concept or Policy Panace? [J]. Journal of Economic Geography, 2003, 3 (1): 5 – 35.

[98] Marzucchi A. Absorptive Capacity, Proximity in Cooperation and Integration Mechanisms: Empirical Evidence from CIS Data [J]. Industry and Innovation, 2014, 21 (4): 332 – 357.

[99] Maskell P, Bathelt H, Malmberg A. Building Global Knowledge Pipelines: The Role of Temporary Clusters [J]. European Planning Studies, 2006, 14 (8): 997 – 1013.

[100] Maskell P, Malmberg A. Myopia, Knowledge Development and Cluster Evolution [J]. Journal of Economic Geography, 2007, 7 (5): 603 – 618.

[101] Mattes J. Dimensions of Proximity and Knowledge Bases: Innovation Between Spatial and Non – spatial Factors [J]. Regional Studies, 2012, 46 (46):

1085 – 1099.

[102] Mattes J. Dimensions of Proximity and Knowledge Bases: Innovation Between Spatial and Non – spatial Factors [J]. Regional Studies, 2012, 46 (8): 1085 – 1099.

[103] Menzel M P, Fornahl D. Cluster Life Cycles – dimensions and Rationales of Cluster Evolution [J]. Industrial & Corporate Change, 2010, 19 (1): 205 – 238.

[104] Menzel M P. Interrelating Dynamic Proximities by Bridging, Reducing and Producing Distances [J]. Regional Studies, 2015, 49 (11): 1892 – 1907.

[105] Molina – Morales F X, García – Villaverde P M, Parra – Requena G. Geographical and Cognitive Proximity Effects on Innovation Performance in SMEs: A Way through Knowledge Acquisition [J]. International Entrepreneurship & Management Journal, 2014, 10 (2): 231 – 251.

[106] Moodysson J, Jonsson O. Knowledge Collaboration and Proximity the Spatial Organization of Biotech Innovation Projects [J]. European Urban and Regional Studies, 2007, 14 (2): 115 – 131.

[107] Morgan K. The Associational Economy: Firms, Regions, and Innovation [J]. Social Science Electronic Publishing, 1999, 21 (2): 51 – 62.

[108] Morgan K. The Exaggerated Death of Geography: Learning, Proximity and Territorial Innovation System [J]. Journal of Economic Geography, 2004, 4 (1): 3 – 21.

[109] Mowery D C, Oxley J E, Silverman B S. Strategic Alliances and Inter – Firm Knowledge Transfer [J]. Strategic Management Journal, 1996, 17 (S2): 77 – 91.

[110] Müller M, Stewart A. Does Temporary Geographical Proximity Predict Learning? Knowledge Dynamics in the Olympic Games [J]. Regional Studies, 2016,

50 (3): 1-14.

[111] Murdoch J. Actor-networks and the Evolution of Economic Forms: Combining Description and Explanation in Theories of Regulation, Flexible Specialization, and Networks [J]. Environment and Planning A, 1995 (27): 731-757.

[112] Muscio A, Quaglione D, Scarpinato M. The Effects of Universities' Proximity to Industrial Districts on University-industry Collaboration [J]. China Economic Review, 2012, 23 (3): 639-650.

[113] Nooteboom B, Haverbeke W V, Duysters G, et al. Optimal Cognitive Distance and Absorptive Capacity [J]. Research Policy, 2007, 36 (7): 1016-1034.

[114] Nooteboom B. Innovation and Inter-firm Linkages: New Implications for Policy [J]. Research Policy, 1999, 28 (8): 793-805.

[115] North D C. Institutions [J]. Journal of Economic Perspectives, 1991, 5 (1): 97-112.

[116] North D C. Institutions, Institutional Change, and Economic Performance: The Political Economy of Institutions and Decisions [M]. Cambridge, UK: Cambridge University Press, 1990.

[117] Oerlemans L, Meeus M. Do Organizational and Spatial Proximity Impact on Firm Performance? [J]. Regional Studies, 2005, 39 (1): 89-104.

[118] Olson E M, Walker O C, Ruekerf R W, et al. Patterns of Cooperation During New Product Development among Marketing, Operations and R&D: Implications for Project Performance [J]. Journal of Product Innovation Management, 2010, 18 (4): 258-271.

[119] Paci R, Marrocu E, Usai S. The Complementary Effects of Proximity Dimensions on Knowledge Spillovers [J]. Spatial Economic Analysis, 2014, 9 (1): 9-30.

[120] Persaud A. Proximity, Knowledge Transfer, and Innovation in Technology – Based Mergers and Acquisitions [J]. International Journal of Technology Management, 2013, 66 (1): 3563 – 3572.

[121] Pierre – Alexandre B. Proximity and the Evolution of Collaboration Networks: Evidence from Research and Development Projects within the Global Navigation Satellite System Industry [J]. Regional Studies, 2012, 46 (6): 741 – 756.

[122] Piore M, Sabel C. The Second Industrial Divide [M]. New York: Basic Books, 1984.

[123] Plunket A. Research Collaboration in Co – inventor Networks: Combining Closure, Bridging and Proximities [J]. Regional Studies, 2015, 49 (6): 936 – 954.

[124] Ponds R, Oort F V, Frenken K. The Geographical and Institutional Proximity of Research Collaboration [J]. Regional Science, 2007, 86 (3): 423 – 443.

[125] Porter M. Clusters and the New Economics of Competition [J]. Harvard Business Review, 1998, 76 (6): 77 – 90.

[126] Porter M. Location, Competition, and Economic Development: Local Clusters in a Global Economy [J]. Economic Development Quarterly, 2000, 14 (1): 15 – 34.

[127] Porter M. The Competitive Advantage of Nations [M]. New York: Free Press, 1990.

[128] Pouder R, John C H S. Hot Spots and Blind Spots: Geographical Clusters of Firms and Innovation [J]. Academy of Management Review, 1996, 21 (4): 1192 – 1225.

[129] Prajogo D I, Sohal A S. The Relationship Between TQM Practices, Quality Performance, and Innovation Performance: An Empirical Examination [J]. International Journal of Quality & Reliability Management, 2003, 20 (8): 901 –

918.

[130] Press K. A Life Cycle for Clusters [M]. Physica – Verlag HD, 2006.

[131] Ramasamy B, Goh K W, Yeung M C H. Is Guanxi (relationship) a Bridge to Knowledge Transfer? [J]. Journal of Business Research, 2006, 59 (1): 130 – 139.

[132] Saxenian A. Regional Advantage: Culture and Competition in Silicon Valley and Route 128 [M]. Cambridge, MA: Harvard University Press, 1994.

[133] Scherngell T, Barber M J. Spatial Interaction Modelling of Cross – region R&D Collaborations: Empirical Evidence from the 5th EU Framework Programme [J]. Papers in Regional Science, 2010, 88 (3): 531 – 546.

[134] Schmitt A, Biesebroeck J V. Proximity Strategies in Outsourcing Relations: The Role of Geographical, Cultural and Relational Proximity in the European Automotive Industry [J]. Journal of International Business Studies, 2013, 44 (5): 475 – 503.

[135] Schmitz H, Anderson E. Collective Efficiency: A Way Forward for Small Firms [J]. IDS Policy Briefing (United Kingdom), 1997 (10).

[136] Schmitz H. Small Shoemakers and Fordist Giants: Tale of a Super Cluster [J]. World Development, 1995, 23 (1): 9 – 28.

[137] Scott A J, Storper M. Pathways to Industrialization and Regional Development [M]. Routledge, 1992.

[138] Scott A J. New Industrial Spaces: Flexible Production Organization and Regional Development in North America and Western Europe [M]. Pion, 1988.

[139] Shin D H, Hassink R. Cluster Life Cycles: The Case of the Ship Building Industry Cluster in South Korea [J]. Regional Studies, 2011, 45 (10): 1387 – 1402.

[140] Silvestre B D S, Dalcol P R T. Geographical Proximity and Innovation:

Evidences from the Campos Basin Oil & Gas Industrial Agglomeration—Brazil [J]. Technovation, 2009, 29 (8): 546 – 561.

[141] Simon H, Sick N. Technological Distance Measures: New Perspectives on Nearby and Far away [J]. Scientometrics, 2016, 107 (3): 1299 – 1320.

[142] Singh J. Collaborative Networks as Determinants of Knowledge Diffusion Patterns [J]. Management Science, 2005, 51 (5): 756 – 770.

[143] Sonderegger P, Täube F. Cluster Life Cycle and Diaspora Effects: Evidence from the Indian IT Cluster in Bangalore [J]. Journal of International Management, 2010 (16): 383 – 397.

[144] Sorenson O, Rivkin J W, Fleming L. Complexity, Networks and Knowledge Flow [J]. Research Policy, 2006, 35 (7): 994 – 1017.

[145] Sorenson O. Social Networks and Industrial Geography [J]. Journal of Evolutionary Economics, 2003, 13 (5): 513 – 527.

[146] Staber U, Sautter B. Who Are We, and Do We Need to Change? Cluster Identity and Life Cycle [J]. Regional Studies, 2011, 45 (10): 1349 – 1361.

[147] Steinmo M, Rasmussen E. How Firms Collaborate with Public Research Organizations: The Evolution of Proximity Dimensions in Successful Innovation Projects [J]. Journal of Business, 2016, 69 (3): 1250 – 1259.

[148] Storper M A, Venables A J. Buzz: The Economic Force of the City [J]. Journal of Economic Geography, 2004 (4): 351 – 370.

[149] Storper M. Innovation as Collective Action: Conventions, Products and Technologies [J]. Industrial & Corporate Change, 1996, 5 (3): 761 – 790.

[150] Suire R, Vicente J. Clusters for Life or Life Cycles of Clusters: In Search of the Critical Factors of Clusters' Resilience [J]. Entrepreneurship & Regional Development, 2014, 26 (1 – 2): 142 – 164.

[151] Takeda Y, Kajikawa Y, Sakata I, et al. An Analysis of Geographical Agglomeration and Modularized Industrial Networks in a Regional Cluster: A Case Study at Yamagata Prefecture in Japan [J]. Technovation, 2008, 28 (8): 531-539.

[152] TBrenner T, Schlump C. Policy Measures and Their Effects in the Different Phases of the Cluster Life Cycle [J]. Regional Studies, 2011, 45 (10): 1363-1386.

[153] Torre A, Rallet A. Proximity and Localization [J]. Regional Studies, 2005, 39 (1): 47-59.

[154] Torre A, Gilly J P. On the Analytical Dimension of Proximity Dynamics [J]. Regional Studies, 1999, 34 (2): 169-180.

[155] Torre A. On the Role Played by Temporary Geographical Proximity in Knowledge Transmission [J]. Regional Studies, 2008, 42 (6): 869-889.

[156] Wal T, Anne L J. The Dynamics of the Inventor Network in German Biotechnology: Geographic Proximity Versus Triadic Closure [J]. Journal of Economic Geography, 2014, 14 (3): 589-620.

[157] Wang T. Comparing Hard and Fuzzy C-Means for Evidence-Accumulation Clustering [M]. International Conference on Fuzzy Systems, IEEE Press, 2009: 468-473.

[158] Winter S G. An Evolutionary Theory of Economic Change [M]. Belknap Press of Harvard University Press, 1982.

[159] Woerter M. Industry Diversity and Its Impact on the Innovation Performance of Firms [J]. Journal of Evolutionary Economics, 2009, 19 (5): 675-700.

[160] Wolfe D A, Gertler M S. Clusters from the Inside and Out: Local Dynamics and Global Linkages [J]. Urban Studies, 2004, 41 (41): 1055-1077.

[161] Yin R K. Case Study Research: Design and Methods [M]. London:

Sage Publications, Beverly Hills, CA, 2013.

[162] Yli - Renko H, Autio E, Sapienza H J. Social Capital, Knowledge Acquisition, and Knowledge Exploitation in Young Technology - Based Firms [J]. Strategic Management Journal, 2001, 22 (6): 587 - 613.

[163] Kathy Charmaz. 建构扎根理论：质性研究实践指南 [M]. 边国英译, 重庆：重庆大学出版社, 2009: 126 - 146.

[164] Ken Green, Sally Randles. 产业生态学与创新研究 [M]. 鞠美庭, 楚春礼, 张琳等译, 北京：化学工业出版社, 2010.

[165] Ravi K. Jain, et al, 研发组织管理：用好天才团队 [M]. 北京：知识产权出版社, 2013.

[166] 蔡西阳. 企业位势理论及应用研究 [D]. 北京交通大学, 2008.

[167] 曹霞, 宋琪. 产学合作网络中企业关系势能与自主创新绩效——基于地理边界拓展的调节作用[J]. 科学学研究, 2016 (7): 1065 - 1075.

[168] 曹休宁. 产业集群发展的制度环境与公共政策研究 [M]. 北京：中国经济出版社, 2015.

[169] 曾德明, 任浩. 组织邻近和组织背景对组织合作创新地理距离的影响[J]. 管理科学, 2014, 27 (4): 12 - 22.

[170] 曾婧婧, 刘定杰. 生物医药产业集群网络嵌入性、网络结构与企业创新绩效[J]. 中国科技论坛, 2017 (5): 49 - 56.

[171] 曾咏梅. 基于TOPSIS综合评判方法的产业集群生命周期[J]. 系统工程, 2008 (11): 59 - 62.

[172] 陈晓萍, 徐淑英, 樊景立. 组织与管理研究的实证方法 [M]. 北京：北京大学出版社, 2012.

[173] 陈跃刚, 张弛, 吴艳. 长江三角洲城市群多维邻近性与知识溢出效应[J]. 城市发展研究, 2018, 25 (12): 34 - 44.

[174] 池仁勇,郭元源,段姗,陈瑶瑶.产业集群发展阶段理论研究[J].软科学,2005(5):5-7.

[175] 迟嘉昱,孙翎,刘波.网络位置、技术距离与企业合作创新——基于2003~2013企业专利合作数据的研究[J].科技管理研究,2015,35(22):22-25.

[176] 初大智,胡子云.多维邻近性对科研合作质量影响研究——以广东生物技术为例[J].北京理工大学学报(社会科学版),2016,18(5):67-74.

[177] 党兴华,弓志刚.多维邻近性对跨区域技术创新合作的影响——基于中国共同专利数据的实证分析[J].科学学研究,2013,31(10):1590-1599.

[178] 范凌钧,陈燕儿,李南.R&D对中国高技术产业技术效率的影响研究[J].研究与发展管理,2010,22(3):36-43.

[179] 范如国,张应青,罗会军.基于空间公共品博弈的产业集群合作创新演化分析[J].经济问题探索,2017(6):155-161.

[180] 付韬,张永安,李晨光.焦点企业核型结构产业集群技术创新传播多网络连通性剖析[J].科技进步与对策,2017,34(22):55-63.

[181] 高明,黄清煌.基于知识溢出效应下环保产业集群创新绩效机理研究[J].科技管理研究,2015,35(15):172-177.

[182] 弓志刚.邻近性与跨区域技术创新合作[M].北京:中国财政经济出版社,2015.

[183] 龚丽敏,江诗松,魏江.产业集群创新平台的治理模式与战略定位:基于浙江两个产业集群的比较案例研究[J].南开管理评论,2012(2):59-69.

[184] 韩宝龙,李琳.区域产业创新驱动力的实证研究——基于隐性知识和地理邻近视角[J].科学学研究,2011(2):314-320.

[185] 韩莹,陈国宏.集群企业网络权力与创新绩效关系研究——基于双元式知识共享行为的中介作用[J].管理学报,2016(6):855-862.

[186] 胡保亮, 方刚. 网络位置、知识搜索与创新绩效的关系研究——基于全球制造网络与本地集群网络集成的观点[J]. 科研管理, 2013, 34 (11): 18 – 26.

[187] 胡杨, 李郇. 地理邻近对产学研合作创新的影响途径与作用机制[J]. 经济地理, 2016, 36 (6): 109 – 115.

[188] 黄中伟. 产业集群的网络创新机制和绩效[J]. 经济地理, 2007 (1): 47 – 51.

[189] 吉敏. 技术创新、网络演化与产业集群升级[M]. 北京: 科学出版社, 2013.

[190] 蒋东仁. 产业集群创新的政府行为透析[J]. 科学学与科学技术管理, 2006 (12): 61 – 65.

[191] 解学梅, 戴智华, 刘丝雨. 高新技术企业科技研发投入与新产品创新绩效——基于面板数据的比较研究[J]. 工业工程与管理, 2013 (3): 92 – 96.

[192] 黎振强, 王英. 地理邻近性与认知邻近性对创新绩效的影响分析——基于知识获取的中小高新技术企业的实证研究[J]. 求是学刊, 2015 (6): 39 – 46.

[193] 黎振强. 基于知识溢出的邻近性对企业、产业和区域创新影响研究[D]. 湖南大学, 2011.

[194] 李福刚, 王学军. 地理邻近性与区域创新关系探讨[J]. 中国人口·资源与环境, 2007 (3): 35 – 39.

[195] 李浩, 黄剑. 集群创新的 SCAI 螺旋模型——基于大连软件园的案例研究[J]. 科学学研究, 2016 (8): 1272 – 1280.

[196] 李琳, 韩宝龙, 高攀. 地理邻近对产业集群创新影响效应的实证研究[J]. 中国软科学, 2013 (1): 167 – 175.

[197] 李琳, 韩宝龙. 地理与认知邻近对高技术产业集群创新影响[J]. 地

理研究, 2011, 30 (9): 1592-1605.

[198] 李琳, 韩宝龙. 组织合作中的多维邻近性: 西方文献评述与思考[J]. 社会科学家, 2009 (7): 108-112.

[199] 李琳, 熊雪梅. 多维邻近性在集群外部知识获取与创新中的作用机制分析[J]. 科技进步与对策, 2012 (21): 130-134.

[200] 李琳, 郑刚, 杨军. 我国产学研合作创新中的地理邻近效应——基于产学研合作创新优秀案例的统计分析[J]. 工业技术经济, 2012 (9): 28-34.

[201] 李琳. 多维邻近性与产业集群创新 [M]. 北京: 北京大学出版社, 2014.

[202] 李苗苗, 肖洪钧, 赵爽. 金融发展、技术创新与经济增长的关系研究——基于中国的省市面板数据[J]. 中国管理科学, 2015 (2): 162-169.

[203] 李平, 曹仰锋. 案例研究方法: 理论与范例——卡瑟琳·艾森哈特论文集 [M]. 北京: 北京大学出版社, 2012.

[204] 李庆满, 杨皎平, 金彦龙. 集群内部竞争、技术创新力与集群企业技术创新绩效[J]. 管理学报, 2013, 10 (5): 746-753.

[205] 李卫国, 钟书华. 创新集群绩效评价: 以欧洲IT集群为例[J]. 科技与经济, 2010 (6): 15-18.

[206] 李欪, 胡元佳, 刘中卫. 中国跨区域创新合作的影响因素——基于省际合作专利数据的实证分析[J]. 科技与经济, 2013, 26 (1): 14-18.

[207] 李宇, 陆艳红, 张洁. 产业集群创新网络的知识创造效用研究——有意识的知识溢出视角[J]. 宏观经济研究, 2017 (6): 94-106.

[208] 李宇, 王俊倩. 产业集群技术溢出的正向利用机制与创新绩效——兼论如何减小技术模仿等负效应[J]. 经济管理, 2015 (3): 23-32.

[209] 李宇, 张福珍, 郭庆磊. 区域创新型产业集群的网络创新机制与引导策略[J]. 宏观经济研究, 2015 (9): 98-107.

[210] 李志刚. 基于网络结构的产业集群创新机制和创新绩效研究[D]. 中国科学技术大学, 2007.

[211] 刘凤朝, 闫菲菲, 马荣康, 姜滨滨. 邻近性对跨区域研发合作模式的影响研究——基于北京、上海、广东的实证[J]. 科研管理, 2014 (11): 100-108.

[212] 刘炜, 李郇, 欧俏珊. 产业集群的非正式联系及其对技术创新的影响——以顺德家电产业集群为例[J]. 地理研究, 2013 (3): 518-530.

[213] 刘新艳, 赵顺龙. 区域环境对产业集群创新绩效的影响——基于集群创新能力中介作用的分析[J]. 科技进步与对策, 2015, 32 (6): 72-79.

[214] 罗颖, 王腾, 易明. 开放式创新与产业集群创新绩效的关联机理研究[J]. 管理学报, 2017, 14 (2): 229-234.

[215] 吕国庆, 曾刚, 顾娜娜. 基于地理邻近与社会邻近的创新网络动态演化分析[J]. 中国软科学, 2014 (5): 97-106.

[216] 毛崇峰, 龚艳萍, 周青. 认知邻近性对横向技术标准合作的影响研究[J]. 自然辩证法研究, 2012 (9): 45-49.

[217] 毛基业, 陈诚. 案例研究的理论构建：艾森哈特的新洞见[J]. 管理世界, 2017 (2): 135-141.

[218] 倪慧君, 丛阳. 基于PAEl分析的集群创新体系成长阶段的识别与应用[J]. 科技进步与对策, 2008 (4): 48-50.

[219] 欧光军, 杨青, 雷霖. 国家高新区产业集群创新生态能力评价研究[J]. 科研管理, 2018, 39 (8): 63-71.

[220] 钱锡红, 杨永福, 徐万里. 企业网络位置、吸收能力与创新绩效——一个交互效应模型[J]. 管理世界, 2010 (5): 118-129.

[221] 饶扬德, 李福刚. 地理邻近性与创新：区域知识流动与集体学习视角[J]. 中国科技论坛, 2006 (6): 20-24.

[222] 阮建青,石琦,张晓波.产业集群动态演化规律与地方政府政策[J].管理世界,2014(12):79-91.

[223] 史烽,高阳,陈石斌,蔡翔.技术距离、地理距离对大学——企业协同创新的影响研究[J].管理学报,2016,13(11):1665-1673.

[224] 陶长琪,彭永樟.制度邻近下知识势能对区域技术创新效率的空间溢出效应[J].当代财经,2018(2):15-25.

[225] 万幼清,王云云.产业集群协同创新的企业竞合关系研究[J].管理世界,2014(8):175-176.

[226] 王德鲁,宋学锋.基于粗糙集——神经网络的产业集群生命周期识别[J].中国矿业大学学报,2010(2):284-289.

[227] 王缉慈等.创新的空间——企业集群与区域发展[M].北京:北京大学出版社,2001.

[228] 王缉慈.产业集群和工业园区发展中的企业邻近与集聚辨析[J].中国软科学,2005(12):91-98.

[229] 王庆喜,王巧娜,徐维祥.我国高技术产业省际知识溢出:基于地理和技术邻近的分析[J].经济地理,2013(5):111-116.

[230] 王松.不确定环境下集群创新网络合作度、开放度与集群增长绩效的关系研究[D].浙江工商大学,2013.

[231] 王为东,陈丽珍,胡绪华.龙头企业数量特征对集群创新绩效影响的实证研究[J].科技进步与对策,2013(24):86-90.

[232] 魏守华.产业群的动态研究以及实证分析[J].世界地理研究,2002(3):16-24.

[233] 吴海萍,孙锐.基于作者共被引分析的国外多维邻近性与创新学术群探析[J].科技与经济,2015(3):6-10.

[234] 吴松强,苏思骐,沈忠芹,宗峻麒.产业集群网络关系特征对产品创

新绩效的影响——环境不确定性的调节效应[J]. 外国经济与管理, 2017, 39(5): 46-57.

[235] 夏丽娟, 谢富纪, 王海花. 制度邻近、技术邻近与产学协同创新绩效——基于产学联合专利数据的研究[J]. 科学学研究, 2017, 35(5): 782-791.

[236] 夏丽娟, 谢富纪. 多维邻近视角下的合作创新研究评述与未来展望[J]. 外国经济与管理, 2014, 36(11): 45-54.

[237] 许晖, 王睿智. 企业国际营销能力对管理创新的作用机制研究——以海信为例[J]. 管理案例研究与评论, 2011(6): 432-443.

[238] 许晖, 许守任, 王睿智. 网络嵌入、组织学习与资源承诺的协同演进[J]. 管理世界, 2013(10): 142-155.

[239] 杨皎平, 金彦龙, 戴万亮. 网络嵌入、学习空间与集群创新绩效: 基于知识管理的视角[J]. 科学学与科学技术管理, 2012(6): 51-59.

[240] 杨皎平, 刘丽颖, 牛似虎. 集群企业竞争强度与创新绩效关系的理论与实证——基于集群企业同质化程度的视角[J]. 软科学, 2012, 26(4): 23-27.

[241] 杨皎平. 集群特性对产业技术创新的推动与阻滞[M]. 北京: 知识产权出版社, 2015.

[242] 杨锐, 刘志彪. 邻近性促进开发区增长了吗？——基于上海市级以上开发区的实证研究[J]. 上海经济研究, 2015(8): 99-108.

[243] 杨雪, 顾新, 王元地. 文化邻近对产学合作创新倾向影响的实证研究[J]. 中国科技论坛, 2014(10): 66-71.

[244] 殷腾飞, 王立杰. 我国煤炭产业生命周期阶段识别及其峰值[J]. 工业技术经济, 2015(4): 44-50.

[245] 应洪斌, 张永胜, 陈素芬. 网络镶嵌、地理邻近影响企业知识获取的

实证研究[J].科技进步与对策,2015(9):132-135.

[246] 应瑛,刘洋,魏江.开放式创新网络中的价值独占机制:打开"开放性"和"与狼共舞"悖论[J].管理世界,2018,34(2):144-160.

[247] 于杰,丛建辉,刘呈庆.基于TOPSIS法的电子信息产业集群生命周期研究——以济南市为例[J].山东社会科学,2012(6):113-116.

[248] 余谦,刘嘉玲.技术邻近动态下创新超网络的演化机理研究[J].科学学研究,2018,36(5):946-954.

[249] 袁立科,张宗益.创新系统的区域可达性研究[J].科研管理,2007(1):1-6.

[250] 张惠琴,邵云飞,李梨花.集群企业竞合行为与技术创新绩效关系研究——以陶瓷产业集群为例[J].中国科技论坛,2011(9):110-115.

[251] 张慧,王核成,俞抒彤.网络位势对集群企业创新绩效的影响:组织学习的中介作用[J].科技进步与对策,2015(15):81-85.

[252] 张敬文,李晓园,徐莉.战略性新兴产业集群协同创新发生机理及提升策略研究[J].宏观经济研究,2016(11):106-113.

[253] 张治河,黄海霞,谢忠泉.战略性新兴产业集群的形成机制研究——以武汉·中国光谷为例[J].科学学研究,2014(1):24-28.

[254] 赵波.产业集群特征与创新绩效关系实证研究——以陶瓷产业集群为例[J].科学,2011,25(11):19-23.

[255] 赵鹏.网络组织分析框架下的产业集群创新机制研究[J].经济论坛,2018(5):13-17.

[256] 赵炎,王琦,郑向杰.网络邻近性、地理邻近性对知识转移绩效的影响[J].科研管理,2016,37(1):128-136.

[257] 赵忠华.技术创新扩散为中间变量的创新型产业集群网络关系特征提升创新绩效路径研究[J].科学管理研究,2012,30(6):37-40.

[258] 郑慕强,李兰芝.知识溢出效应对创新能力及创新绩效的作用——基于闽粤产业集群的实证研究[J].当代经济管理,2015,37(3):23-29.

[259] 周海波,胡汉辉.知识演化视角下产业集群升级模式对于创新绩效的影响分析[J].中国科技论坛,2015(11):41-46.

[260] 周海涛,张振刚.政府科技经费对企业创新决策行为的引导效应研究——基于广东高新技术企业微观面板数据[J].中国软科学,2016(6):110-120.

[261] 周青,侯琳,毛崇峰.制度邻近性对高新技术企业合作创新的作用路径研究[J].科技进步与对策,2013,30(10):81-83.

[262] 朱桂龙,蔡朝林,许治.网络环境下产业集群创新生态系统竞争优势形成与演化:基于生态租金视角[J].研究与发展管理,2018,30(4):2-13.

[263] 朱建民,史旭丹.产业集群社会资本对创新绩效的影响研究——基于产业集群生命周期视角[J].科学学研究,2015(3):449-459.

[264] 朱秀梅.知识溢出、吸收能力对高技术产业集群创新的影响研究[D].吉林大学,2006.

[265] 庄彩云,陈国宏.产业集群知识网络多维嵌入性与创新绩效研究——基于企业双元学习能力的中介作用[J].华东经济管理,2017,31(12):53-59.